土地资源管理专业
高水平人才培养模式创新与实践

TUDI ZIYUAN GUANLI ZHUANYE
GAO SHUIPING RENCAI PEIYANG MOSHI CHUANGXIN YU SHIJIAN

主　编　王占岐　姚小薇
副主编　柴　季　徐　枫
　　　　张红伟　李冰清

中国地质大学出版社
ZHONGGUO DIZHI DAXUE CHUBANSHE

图书在版编目(CIP)数据

土地资源管理专业高水平人才培养模式创新与实践/王占岐,姚小薇主编.—武汉:中国地质大学出版社,2021.3
ISBN 978-7-5625-5032-7

Ⅰ.①土⋯
Ⅱ.①王⋯ ②姚⋯
Ⅲ.①高等学校-土地资源-资源管理-人才培养-培养模式-研究-中国
Ⅳ.①F323.211

中国版本图书馆CIP数据核字(2021)第131744号

土地资源管理专业高水平人才培养模式创新与实践		王占岐　姚小薇　主编	
责任编辑:舒立霞	选题策划:毕克成　张晓红		责任校对:何澍语
出版发行:中国地质大学出版社(武汉市洪山区鲁磨路388号)			邮编:430074
电　　话:(027)67883511	传　　真:(027)67883580		E-mail:cbb@cug.edu.cn
经　　销:全国新华书店			http://cugp.cug.edu.cn
开本:787毫米×1092毫米　1/16		字数:276千字	印张:10.75
版次:2021年3月第1版		印次:2021年3月第1次印刷	
印刷:湖北睿智印务有限公司			
ISBN 978-7-5625-5032-7			定价:68.00元

如有印装质量问题请与印刷厂联系调换

前　言

高等教育是国家发展水平和发展潜力的重要标志。当今世界正处于大发展大变革大调整时期,在此背景下,人才竞争,特别是高水平人才竞争,已成为国际竞争的重中之重。习近平总书记在2016年举行的全国高校思想政治工作会议上指出:"办好我国高校,办出世界一流大学,必须牢牢抓住全面提高人才培养能力这个核心点。"培养高水平人才是国家促进经济科技发展、提升综合国力的重要途径,也是当前教育改革的迫切要求。因此,如何提高育人能力、培养高水平人才,探索出符合我国经济社会发展需求的高水平人才培养模式,已成为新时代高等教育改革的核心任务。

高水平人才培养模式的创新与实践是一个系统性工程,需要在遵循教育教学规律的基础上,充分挖掘专业办学潜力,梳理、整合育人资源,发挥多重育人环节的协同作用,尤其注重大学生创新实践能力的培育和形成。在多年的育人实践中,中国地质大学(武汉)土地资源管理专业走出了一条特色之路。从专业孕育到发展成为国家一流本科专业建设点的20余年间,土地资源管理专业以响应国家经济社会发展对高水平人才的需求、探索高等教育改革发展新路径为己任,以专业发展定位、育人资源设置、育人环节优化、保障能力提升等关键点为抓手,追求卓越、开拓创新,实现了高效率、高质量发展,为国家和社会输送了一大批具备扎实专业素养和创新实践能力的大学生,他们或进入政府、企事业单位从事相关工作,或进入科研院所攻读更高层次学位和开展科学研究,都在日后成为行业领域内极具竞争力的高水平人才,以不同形式为国家土地资源管理事业做出贡献。

更重要的是,在人才培养与专业发展共荣共生的态势下,土地资源管理专业及其所在学科已发展成为学校的优势学科,并发挥出了极大的资源辐射带动效应。在校外,部分校友成为国内其他高校土地资源管理及相关专业的开拓者和建设者,提升了本专业的影响力;在校内,专业育人成果作为营养液,哺育相关专业大踏步前进,并孕育出新的本科专业,丰富了学校育人平台,提升了整体育人竞争力。可以说,中国地质大学(武汉)土地资源管理专业发展史,是一部高水平育人史。基于此,本书较为完整地梳理了多年来土地资源管理专业高水平人才培养模式的创新发展路径及诸多实践成果,作为本专业教书育人工作的阶段性总结,将为今后同类专业在高水平育人工作中取得更大发展提供重要参考。

全书共分为10章,其中:第一章系统分析了新时代高等院校人才培育模式改革的总体诉求情况,论述了高校立德树人工作的新趋势、新要求及相关理论;第二章从专业建设历程、人才培养现状、育人改革动力与趋势等方面梳理了我国土地资源管理专业发展的现状;第三章探讨并总结了中国地质大学(武汉)土地资源管理专业高水平人才培养模式的形成背景与主要特征;第四、第五、第六、第七章分别从土地资源管理专业的教学模式、课程体系、实习实践、保障体系等关键要素的角度详细介绍了高水平人才培养的创新路径和实践内容;第八章主要讲述土地资源管理专业人才培养所取得的成效,包括各类奖励、科学研究、学术交流、质量评价等内容;第九章从横向支持新专业设立、纵向带动公共管理学科建设两方面阐明了土地资源管理专业高水平人才培养模式的示范效应;第十章对前述章节做了回顾总结,并对未来土地资源管理专业高水平人才培养工作进行了展望。

总之,围绕高水平人才培养目标,我们成功探索、创新并实践出一套行之有效、凸显特色的土地资源管理专业高水平人才培养模式。本书的编著凝聚了中国地质大学(武汉)土地资源管理专业历届师生共同探索实践的经验和汗水,也充分借鉴吸收了国内同行的先进经验,希望我们所做的工作和已取得的进展,能起到抛砖引玉的作用。如能给国内同行的人才培养工作提供借鉴或启发,我们将深感荣幸。由于编撰时间较为紧张,编者能力和精力有限,书中纰漏或将难免。不足之处,敬请读者批评指正,以便相互学习,共同进步。

编 者

2021 年 1 月

目　录

第一章　新时代高等院校人才培养模式改革诉求 ………………………………(1)
 第一节　新时代我国高等教育人才培养总体目标 …………………………(2)
 第二节　新时代我国高等教育人才培养趋势 ………………………………(2)
 第三节　高等院校专业建设与人才培养新要求 ……………………………(4)
 第四节　人才培养模式的基础理论与构成要素 ……………………………(5)

第二章　我国土地资源管理专业发展现状 ……………………………………(12)
 第一节　土地资源管理专业建设历程 ………………………………………(12)
 第二节　土地资源管理专业人才培养现状 …………………………………(15)
 第三节　专业人才培养模式改革的主要动力与趋势 ………………………(19)

第三章　我校土地资源管理专业高水平人才培养模式探索 ………………(24)
 第一节　国家战略与自然资源管理趋势下的人才需求变化 ………………(24)
 第二节　我校土地资源管理专业优势与特色 ………………………………(26)
 第三节　依托优势、面向需求的土地资源管理高水平人才培养模式 ……(31)

第四章　土地资源管理专业人才培养的教学模式创新 ……………………(33)
 第一节　教学模式分析 ………………………………………………………(33)
 第二节　以人才为中心的培养目标转型 ……………………………………(36)
 第三节　信息化与全球化背景下的"三全育人"教学改革 …………………(38)
 第四节　教学方式的"三维"优化 ……………………………………………(43)

第五章　土地资源管理专业人才培养的课程体系改革 ……………………(47)
 第一节　"课程思政"元素探索与实践 ………………………………………(47)
 第二节　核心课程与特色课程建设 …………………………………………(51)
 第三节　课堂教学的新方法、新技术 ………………………………………(58)
 第四节　结合习近平生态文明思想的专业课程优化 ………………………(62)

第六章　土地资源管理专业人才培养实习实践模式 ………………………(65)
 第一节　"课堂＋基地"的教学实践模式 ……………………………………(65)
 第二节　"课堂＋竞赛"的竞争实践模式 ……………………………………(69)
 第三节　"课堂＋项目"的科研实践模式 ……………………………………(73)
 第四节　"课堂＋企业、行业部门"的产学研实践模式 ……………………(76)

第七章　土地资源管理专业人才培养保障体系建设 ………………………(79)
 第一节　育人质量提升机制建设 ……………………………………………(79)

第二节　师资教学能力机制建设 …………………………………………… (99)
　　第三节　教学条件保障机制建设 …………………………………………… (107)
　　第四节　人才质量反馈机制建设 …………………………………………… (113)
第八章　土地资源管理专业人才培养模式成效 ………………………………… (114)
　　第一节　学生获奖形成新突破 ……………………………………………… (115)
　　第二节　参与高水平项目,获得科研经验 …………………………………… (125)
　　第三节　学术交流级别高,积极性强 ………………………………………… (137)
　　第四节　毕业生培养质量获好评 …………………………………………… (145)
第九章　土地资源管理高水平专业人才培养模式的示范效应 ………………… (147)
　　第一节　土地资源管理人才培养模式的横向拓展——土地整治工程专业建设初探
　　　　　 ……………………………………………………………………………… (147)
　　第二节　土地资源管理人才培养模式的纵向延伸——公共管理一级学科平台建设
　　　　　 ……………………………………………………………………………… (155)
第十章　总结与展望 ……………………………………………………………… (160)
　　第一节　一流专业人才培养效果总结 ……………………………………… (160)
　　第二节　未来的展望 ………………………………………………………… (161)
主要参考文献 ……………………………………………………………………… (162)

第一章　新时代高等院校人才培养模式改革诉求

当今世界正处于大发展大变革大调整时期,世界多极化、经济全球化和社会信息化成为三大标志性发展趋势。大国角力竞争加剧,科技进步日新月异,重大科技创新重构经济体系,全球产业链、供应链面临调整,人才竞争日趋激烈。与此同时,我国正处在改革发展的关键阶段,经济建设、政治建设、文化建设、社会建设以及生态文明建设全面推进,工业化、信息化、城镇化、市场化、国际化深入发展,人口、资源、环境压力日益加大,经济发展方式加快转变,社会发展的内外部环境正经历深刻变革。近年来,以人工智能等为代表的高新技术发展前景远超预期,数字经济加速发展壮大,推动我国经济增长模式由传统要素驱动向创新驱动深度转型。中国特色社会主义进入新时代,人民需求日益高端化、多元化,但地区、城乡差距依然存在,社会主要矛盾已经转化为人民日益增长的美好生活需要同不平衡不充分的发展之间的矛盾。为推动构建人类命运共同体,迈向社会主义现代化强国,实现中华民族伟大复兴宏图伟业,既要满足人民日益增长的美好生活需要,又要向世界提供公共产品、中国经验,多重因素叠加,使我国未来的发展面临着巨大的挑战、竞争和机遇,凸显了提高国民素质、培养创新人才的重要性和紧迫性。

高等教育是国家发展水平和发展潜力的重要标志。伴随时代发展,不同发展水平下,受到历史和现实条件制约,我国高等教育的人才培养模式不断发生变革。现如今,国家实施创新驱动发展战略,加快推进以科技创新为核心的全面创新,教育的基础性、先导性、全局性作用更加突出,决定性、民生性作用日渐凸显,全社会对高等教育和拔尖人才的需求日益迫切。没有教育的现代化,就没有国家的现代化;没有人民满意的教育,就难以满足人民对美好生活的需要。为此,我国提出了建设高等教育强国的发展目标,着眼未来,迎接挑战,适应变化。

本科教育是提高高等教育质量的最重要基础,本科阶段是学生世界观、人生观、价值观形成的关键阶段,本科生是高素质专门人才培养的最大群体和关键源头。办好我国高校,办出世界一流大学,人才培养是本,本科教育是根。建设高等教育强国必须坚持"以本为本",加快建设高水平本科教育,培养一大批具有国际视野、问题意识、批判思维与创新能力的一流本科人才,它既是新时代我国屹立于竞争日益激烈的全球高等教育强国之林的迫切需求,也是回答"为什么我们的学校总是培养不出杰出人才"的"钱学森之问"的关键所在。

2015年10月,国务院印发了《统筹推进世界一流大学和一流学科建设总体方案》,统筹推进世界一流大学和一流学科(简称"双一流")建设,推动了我国从高等教育大国迈向高等教育强国的历史新征程。2017年,《统筹推进世界一流大学和一流学科建设实施办法》的出台,预示着一场属于我国高等教育事业的深刻变革正式拉开帷幕。在此背景下,高等教育人才培养模式与体系的改革也将随之发生。

第一节 新时代我国高等教育人才培养总体目标

2016年,习近平总书记在全国高校思想政治工作会议上指出:"办好我国高校,办出世界一流大学,必须牢牢抓住全面提高人才培养能力这个核心点。"可见,建设高等教育强国最具标志性的内容就是要培养高水平人才。培养什么样的人,是教育的首要问题。在2018年全国教育大会上,习近平总书记指出:"培养德智体美劳全面发展的社会主义建设者和接班人,加快推进教育现代化、建设教育强国、办好人民满意的教育。"至此,我国进一步明确了高等教育的核心工作是要培养拥护社会主义制度、立志为社会主义奋斗终身的栋梁之材。

国无德不兴,人无德不立。育人之本,在于立德铸魂。为此,应充分发挥教育在传承中华优秀传统文化和践行社会主义核心价值观中的主阵地作用,培养德智体美劳全面发展的可用之才,培育具有中国特色、中国气派的人才队伍;尊重教育规律、人才身心发展规律和人才成长规律,培养德才兼备的有用人才,突出育人为本、质量先行。在增强综合素质上下功夫,促进人才的全面发展。既要引导人才求知问学,又要培养他们的创新思维;既要帮助人才增强体质、锤炼意志,又要鼓励人才弘扬劳动精神,促进人才的健康成长,让每个人才主动发展、活泼发展、终身发展。

拔尖人才竞争已成为当今大国竞争的重中之重,培养各领域的拔尖创新人才已成为促进我国经济科技发展、不断提升综合国力的重要途径。促进拔尖创新人才脱颖而出,是建设创新型国家、实现中华民族伟大复兴的历史要求,也是当前对教育改革的迫切要求。培育能够实现"从0到1"重大原始创新的拔尖人才,决定着能否占领未来学科和未来产业的前沿。需在学科交叉、协同创新平台的支撑下,探索拔尖创新人才的培养机制,形成有利于多样化创新人才成长的培养体系。

第二节 新时代我国高等教育人才培养趋势

新时代高等教育人才培养工作怎么做与人才培养体系怎么建互为因果关系,与高等教育发展的总体思路相适应。总的来看,高等教育应致力于培养多层次、多类型的高水平人才,不断提高人才培养质量,在人才培养过程中不断提升高等教育的发展水平。

一、深化协同育人,实现"三全育人"

要积极开展育人模式改革,深化政产学研用衔接作用,探索育人、用人主体形成合力,将社会优质资源与智慧转化为教育教学内容。开展科教协同育人工作,推动科学研究成果及时尽早转化为教育教学内容,推动学生尽早进入科研平台、承担科研任务,以高水平科学研究为高质量人才培养服务,结合国家重点、重大科技计划任务,建立科教融合、相互促进的协同培养机制,促进知识学习与科学研究、能力培养的有机结合。

高等教育人才培养要坚持全员育人、全程育人、全方位育人。教育不是工业生产线,人才不是工业产品。高等教育应从"教"走向"育",聚焦学生特性,科学把握大学生的特点,因材施教、深耕细作,摒弃千篇一律的教育模式,将优质的、合适的、可选择的学习资源配置给每一个学生。

二、坚持"以本为本",遵循"四个回归"

高等教育人才培养要践行高等教育发展目标,坚持"以本为本"的发展观,以"回归常识、回归本分、回归初心、回归梦想"为基本遵循,以本科教育为根本,以本科学生为基础主体。围绕读书办教育,围绕读书培养人,铸造人才正确的世界观,培育人才的爱国情怀;做好教育工作分内事,立德树人,得天下英才而育之;践行教育工作的初心,绵绵用力,久久为功,培养人才,促其成人、成才;回归教育梦,即报国梦、强国梦,在人才培养工作中不断提升本科教育教学水平,创建世界一流大学、一流学科。

高等教育人才培养要坚持以学生为中心、全面发展的办学理念,形成人才培养特色,形成以知识传授为基础环节,以能力培养为关键环节,以价值观塑造为根本环节,节节贯通、齐头并进的人才培养链条。

三、培育具有创新意识和创业能力的一流人才

面对国内外形势风云变幻,高等教育工作要突出"补短板"建设任务,大力培养高精尖急缺、引领产业发展的创新型人才,尤其是要将创造力作为本科人才培养的重点。多方集成教育资源,建立跨学科人才培养体系,探索建立政治过硬、行业急需、能力突出的高层次复合型人才培养新机制。同时,把培养创新创业人才作为检验高等教育综合改革成效的一项重要内容。

推动创新创业课程体系、教学方法、实践训练、队伍建设等领域改革,强化创新创业实践,搭建大学生创新创业与社会需求对接平台,多途径提升创新创业教育水平,为人才培养提供良好的资源和制度平台。鼓励符合条件的学生参加职业资格考试,在完成学业的同时,获取多种资格和能力证书,增强创业就业能力。围绕激发本科生学习兴趣和潜能开展教学改革,探索并建立以问题和课题为核心的教学模式,倡导以学生为主体的本科人才培养和研究型教学人才改革,调动学生学习的积极性、创造性和主动性,激发学生的创新思维和创新意识,同时在项目实践中逐步掌握提出问题、分析问题、解决问题的方法,提高其创新实践能力。

四、与国家战略、产业需求对接

专业建设应改变片面追求外延性拓展,取而代之的应该是加强内涵化重构。国家战略应成为专业建设与人才培养的重要参考,国家发展需要什么样的人才,高等教育就着力培养什么样的人才。新形势下,适应产业升级需求的教育模式需用新思维、新手段,面向行业人才需

求的结构、重点的质变,注重培养宽口径、厚基础、强能力和具有国际化视野的高素质应用型人才。

产业需求视域下,应融合新兴技术,实现专业人才培养模式的创新,培养单位应深度挖掘自身的特色和优势,集中力量办好优势突出、底蕴深厚、特色鲜明的专业;提升培养格局,拥抱新技术、新理念,运用新技术改造相关专业,探索建立相关交叉培养的专业;注重培养人才跨学科、多领域、综合性的技能和素质。增强服务重大战略需求能力,加强对各类需求的针对性研究、科学性预测和系统性把握,主动对接国家和区域重大战略,加强对各类教育形式、各类专项计划的统筹管理,优化学科专业结构,完善以社会需求和学术贡献为导向的学科专业动态调整机制。

五、以一流专业建设作为重要支撑

高水平人才的培养需要有一流的本科教育作支撑。一流本科教育是对大学生实施的全面教育、个性化教育、发展力教育和创造力教育。一流专业是办好一流本科的基础,是高水平人才培养的基本单元,只有把专业建设扎实,把一流本科办好,培养高水平人才的目标才可能实现。推进高层次人才供给侧结构性改革,优化不同层次学生的培养结构,适应需求,调整培养规模,适度再分配硕士、博士培养比例,以创新人才培养机制为重点,形成招生、培养与就业联动机制,完善专业动态调整机制。建立健全高等教育招生计划动态调整机制,实施国家急需学科高层次人才培养支持计划,探索研究生招生计划与国家重大科研任务、重点科技创新基地等相衔接的新路径。

六、以一系列重要举措促进人才培养水平提升

2016年,中共中央、国务院发布的《国家创新驱动发展战略纲要》明确指出,坚持创新驱动实质是人才驱动,落实以人为本,尊重创新创造的价值,激发各类人才的积极性和创造性。为全面提高人才培养质量,国家采取了一系列重要举措,特别是在高校逐步实施"拔尖计划"和系列"卓越计划",旨在从宏观层面推进人才培养机制体制和培养模式改革。例如2010年的"卓越工程师教育培养计划"、2012年的"科教结合协同育人计划",等等。知名高校也相继成立精英学院、建立基础项目组,并通过组建顶尖大学联盟来推动创新人才培养和科学研究方面的交流合作。

第三节 高等院校专业建设与人才培养新要求

《教育部关于加快建设高水平本科教育 全面提高人才培养能力的意见》中指出,建设一批一流本科专业点,引领带动高校专业建设水平和人才培养能力全面提升。专业是人才培养的基本载体,是实施高水平教育教学、培养高水平人才的基石。没有一流的本科教育就没有一流的大学,这在高等教育界已形成普遍共识。"双一流"发展背景下,高等教育走向内涵式发展道路,专业建设与人才培养面临新形势,需建立其互促互利的作用机制。

突出专业与学科的育人功能,强调科教融合产学结合育人、学术实践育人和创新创业教育。确立建成一流本科教育目标,强化本科教育基础地位,把一流本科教育建设作为"双一流"建设的基础任务,致力于完善专业建设的多个维度。推进课程内容更新,推动课堂革命等,深化创新创业教育,推动优质资源开放共享,重塑教育教学形态,不断推动高等教育的思想创新、理念创新、方法技术创新和模式创新。

实施专业结构动态调整与人才培养模式优化。深化高校本科专业供给侧结构性改革,建立健全专业动态调整机制,做好存量升级、增量优化、余量消减。推动各地区、各行业、各部门完善人才需求预测预警机制,推动高校形成就业与招生计划、人才培养的联动机制。扩大专业服务对象与学分认证范围,推进辅修专业制度改革,完善学分制,推动健全学分制收费管理制度,扩大学生学习自主权、选择权,鼓励学生跨学科、跨专业学习,允许学生自主选择专业和课程。鼓励学生通过参加社会实践、科学研究、创新创业、竞赛活动等获取学分。

优化专业布局。围绕落实国家主体功能区规划和区域经济社会发展需求,加强省级统筹,建立完善专业区域布局优化机制。结合区域内高校学科专业特色和优势,加强专业布局顶层设计,因地制宜,分类施策,加强指导,及时调整与发展需求不相适应的专业,培育特色优势专业集群,打造专业建设新高地,提升服务区域经济社会发展能力。

不断提高专业建设与人才培养质量。为适应新时代对人才的多样化需求,及时动态调整专业人才培养方案,制定本、硕、博相统筹的培养方案细节,定期更新教学大纲,适时修订专业教材,科学构建课程体系,关注学科交叉对新知识、新课程的需求。创新管理思维与管理形式,适应高考综合改革需求,完善招生选拔机制,推动招生与人才培养的有效衔接,推动高校建立专业办学条件公开制度,开展专业建设多样化考核评估工作,加强专业质量建设。

此外,新时代国家和社会对人才的需求呈现多样化发展趋势,专业建设需根据其定位和学科基础,突出优势、培育特色,服务于国家现代化建设和区域经济社会发展的需要;强化专业文化建设,增强人才归属感、拼搏感。

第四节 人才培养模式的基础理论与构成要素

一、人才应具备的基本要素

《中华人民共和国高等教育法》规定的高级专门人才应具有社会责任感、创新精神和实践能力。过去高校在育人过程中,主要把知识传授和记忆作为重点,学知识、考知识,学生通过被传授和记忆获取知识,纵然如此,知识仅仅是人才能力的一个维度,还需要包括技能和思维在内的其他维度形成合力,前者需通过培训指导和练习获得,后者则通过逻辑训练和心智开发形成,因此,在人才培养过程中,不能单单指望用学知识的规律来代替育人的其他规律。

社会责任感是一种道德情感,对大学生来说,作为国家未来发展的中坚力量,作为国家高等学府培养的人才,需要承担对国家、集体以及他人的道德责任,坚持道德上的正确主张,坚持实践正义原则,愿为他人做出奉献和牺牲,它是知、行、情的高度统一,更是其内在精神价值和外部行为规范的有机结合。高级专门人才是否具备社会责任感,不仅关系个体理想信念是否得以实践,更关系到国家和民族的前途命运。

创新精神是指高级人才能综合运用已有的知识、信息、技能和方法,提出新方法新观点的思维能力,也包括革新、改革的意志、勇气和智慧。创新精神是一个国家和民族发展的不竭动力,更是一个社会人应该具备的基本素质。我国正处在实现中华民族伟大复兴的重要征程之中,想屹立于世界之林,想在发展过程中不被"卡脖子",离不开创新精神和创新事业。高级专门人才具备了开展创新工作的绝大部分基本素养,需要进一步培育探索研究的思维,成为践行创新发展事业的排头兵。

实践能力是指在实践中运用对知识的正确认知和理解,采取恰当的行为方式来处理问题的本领,是人才能否在社会站稳脚跟的关键。实践能力往往涵盖了社会实践能力、专业实践能力、道德实践能力等多个方面。总的来看,实践能力的最重要基础依然是专业技能,技能则是完成某项任务的身体操作或心智活动的习惯性反应,是能力表现的手段。因此,技能是需要实际训练的,仅有理论知识是不行的,高级专门人才更应具备专业技能,需要在专业实践和社会实践中加以锻炼和培养。

综上,人才应具备的基本要素涵盖了知识、思维、素质等底层元素。其中,知识是人们在社会实践中获得的认识和经验,是能力获得的基础。作为专门人才必须具备一定的基础知识和专业知识,此外,知识还用于训练思维,是培养思维力的元素或媒介。所以,高校专业建设与人才培养模式应该着力构建结构化知识体系,对知识的选择主要考虑以上因素。一般来说,基础知识、专业知识和方法论知识搭配的结构化程度越高,越有助于学生成长为高级专门人才。

思维是在表象、概念基础上进行分析、综合、判断、推理等认知活动的过程,是人类具有心智的心理活动形式,也是高等教育人才培养的最高境界。思维力是人类一种特有的精神活动本领,可以渗透到各种能力之中,如学习能力、发现和解决问题能力、创新能力等,是能力培养、开发的主要标志。思维在人的智力结构中处于中心地位,对于学生获取知识、掌握技能、发展多方面的能力起着决定性的作用。

智力结构搭建得好,学生的思维层次就会提高,持续、自我学习的能力就会增强,就更能应对好未来的工作和成长需要。素质要素主要体现在"做人"上,而知识、能力主要体现在"做事"上。因此,从人的社会化角度看,能力是谋生和发展的基础,而发展得好不好,与社会责任感等"做人"素养方面的素质因素密切相关。

人才培养模式是高校为大学生构建的知识、能力、素质结构,以及实现这种结构的方式。人才培养模式包括人才培养目标和规格、专业设置和建设、课程体系和教学内容、教学方法和教学手段、教学评价和质量监测等内容,包含培养目标、培养内容、培养方式和培养条件等要素。即人才培养模式是对人才培养过程的一种总体性表述,它应包含3个核心内容:为什么培养人、培养什么人以及如何培养人。

二、基础理论

(一) 系统论

系统论是研究系统的一般模式、结构和规律的学问,它研究各种系统的共同特征。教育系统自身是一个开放的社会系统,亦称教育体系,一般由教育环境、学生、教师、教学目标、教学设施、管理方式等部分构成。

人才培养模式作为教育系统中的重要一环,其发展应顺从人的自然发展规律,在以往侧重专业教育的模式下,需进一步拓宽学生知识基础,增加通识教育的内容与分量。大学通识教育的根本意义在于其承载了大学教育的根本目标,以通识教育培育人才追求知识的方式和能力。将通识教育与个性发展相结合,基于"宽口径、厚基础"的人才培养思路,充分考虑到不同学生的知识面、经历、性格的差异性,制定不同的人才培养模式,因材施教,以更加宽厚的基础教育来弥补专业教育可能造成人才知识面过窄的弊端。因此,现代高等教育应夯实通识教育、突出专业教育,单纯注重文化教养或只重视科学技术水平的片面教育方式应加以校正。高等教育不仅应该引导学生探究高深学问,还要提高学生的文化素养。

(二) 智力结构与迁移理论

新的教育观包括培养学生学会批判思维、独立判断和开展辩论。其中,有两个共识对高校人才培养有着重要的价值:一是智力结构论;二是迁移理论。人的智力结构怎么搭建、怎么提高迁移能力在心理学界是有争议的,有着不同的流派,但智力结构和迁移能力的存在则是没有争议的。

智力结构论,是由美国心理学家吉尔福特提出的一种智力理论,该理论认为人的智力是由 120 个智力因子组成,这 120 个因子代表着各种维度的智力活动,人类智力是思考的表现,思考的整个心理活动则包括了思考的内容、运作及其产物共计 3 个心理向度,它们共同构成一个立体结构,即为智力结构。其中,思考的内容按属性层面来说,由视觉、听觉、符号、语意和行为 5 部分组成;思考的运作为中介变项,包括介于刺激反应之间不能直接观察的思考评价、聚敛性思考、扩散性思考、记忆、认知 5 种;思考的产物属于表现思考的反应,分为单位、类别、关系、系统、转换、应用 6 种方式。其中,聚敛性思考系指个体凭借思考解决问题时,根据已有知识、遵循逻辑规则去寻求唯一的正确答案。在学校中的知识学习以至智力测验所测的智力,均属聚敛性思考的能力,因此,在人才培养模式研究中,应契合人类智力结构和思考特点,差异化制定灵活的培养方案,开展个性化教育,注重启发性教育。

迁移理论主要指的是学习迁移理论,由戴维·奥苏贝尔在 1997 年提出,是指一个人在一种情境中的学习影响他在其他情境中的学习。奥苏贝尔认为迁移是意义学习的心理机制,是学生在学习过程中将老师传授的知识吸收至自己的知识储备中的过程,迁移有正迁移和负迁移之分,一种学习加强另一种学习,称为正迁移;反之,一种学习干扰即削弱另一种学习,称为负迁移。学习迁移同样是高等教育中的重要问题,日常教学中应注意利用正迁移,消除负迁移。在专业课程设置、教材组织、教学方法的选择上都要注意发挥学习迁移的正向作用。综合来看,在人才培养模式研究中,应科学合理搭建智力结构,引导学生正向知识迁移。

(三)教育目标分类理论

确定教育目标是教学设计的第一要务,因此在人才培养模式研究中对教育目标进行准确分类意义重大。教育目标分类理论把教育目标分为总体目标、教育目标和教学目标3个层次。美国著名教育家本杰明·布鲁姆提出了教育目标分类学理论,将教育目标划分为认知领域、情感领域和技能领域,由3个领域共同构成了教育目标体系,并对构成教育目标的能力进行了分类。其中,认知领域的教育目标从低到高分为6个层次:知道(知识)、领会(理解)、应用、分析、综合、评价。参照此分类思路,将本科教育目标分为:知识、技能、分析力(要素分析、关系分析、原理分析、解释)、迁移力(转化、联想、推断、应用)、综合力(计划、汇集、组合、评价)。

分类理论中有两个主干维度,即4类知识维度和6个认知过程维度。其中,4类知识指的是:事实性知识、概念性知识、程序性知识和元认知知识;6个认知过程指的是:记忆、理解、应用、分析、评价和创造。分类理论认为,简单行为的组合引发较为复杂的行为,当复杂行为提升到一定程度之后,量变引起质变,衍生出新的、高级的行为,较复杂的认知过程具有普适性,是学习迁移和形成解决问题思路的关键。如当教学活动涉及分析、评价和创造等较为复杂的认知过程时,学生将发挥出自主分析能力,思考所学的分散知识之间的联系。

(四)建构主义理论

现代建构主义理论主要用来说明学习的发生过程和意义的建构过程。20世纪上半叶美国著名的实用主义教育家和哲学家杜威曾指出,教育是经验继续不断地改造或改组,是属于经验、源于经验和产生经验的。因此,教育应当培养学生的思维能力,激发学生的自主性和创新性。他由此提出了"思维五步法":一是发现疑难;二是提出问题;三是提出假设;四是推断能解决问题的假设;五是验证假设。瑞士心理学家皮亚杰提倡以学生为中心,发挥学生主观能动性,促使学生主动去搜集和分析有关的信息资料,对相关问题提出各种假设并努力加以验证,通过探索和发现去建构知识的意义。上述理念均属于建构主义理论,区别于以往教学的"传授范式",转而为当下的"学习范式",并为这种新的教学逻辑奠定了坚实理论基础。进一步地,建构主义思想可由知识观、学习观和教学观3个相互关联的层次构成。

建构主义知识观主要探讨"知识是什么"的问题。知识是对客观世界的一种解释,它并非一成不变的,而是随着人们认识程度的加深、社会的发展和科技的进步不断被新知识、新理论所超越、所取代。知识不是通过教师传授得到,而是学习者在一定的情境即社会文化背景下,借助其他人(包括教师和学习伙伴)的帮助,利用必要的学习资料,通过意义建构的方式而获得。

建构主义学习观主要探讨个体"如何学习"的问题。建构主义学习观主张"以学生为中心",充分发挥学生的主观能动性。学生转变以往被动接受知识的身份,处于学习者共同体中,根据自己既有的知识、经验和技能,在与他人的交流、合作中主动建构知识的意义。

建构主义教学观主要回答"基于建构主义思想的教学工作怎么做"的问题,有如下特点:

一是在教学过程中,教师应走出自我中心主义,尊重学生的个性需求,因材施教,制定差异化的人才培养模式;二是要重视学习的场景,竭力创设利于意义建构的学习环境,提供适当的问题或实例引发学生的反思,教师应成为学生学习的合作伙伴,转变知识灌输者的观念,激发学生自主思考的能力,发挥学生的主观能动性,自己发现、探索、解决问题;三是要创建互助型的学习共同体和协作学习环境,增进学生间的合作。

总的来说,培养创造力是高等教育的重要目标。为了实现这一目标,高等教育在人才培养模式研究中应该充分考虑学生的差异性,因材施教,激发学生自主思考的能力,引导学生自主学习,主动发现问题、探索问题、解决问题,培养拔尖创新型人才,这就要求高校在人才培养模式中融入更多的服务性学习、研究性学习以及问题导向的学习等多样化认知经历。

三、构成要素

人才培养的构成要素主要包括培养目标、培养路径及教育评价3个主要环节。

(一)培养目标

习近平总书记在2018年全国教育大会上指出的"培养什么人",是教育的首要问题。培养社会主义建设者和接班人,应作为教育的根本任务,也是教育现代化的方向目标。当前高等教育的一个重要发展方向便是:不再以为社会培养具有一定专业技能的一般性人才为主要任务,而是以培养具有创造性的研究型、学术型人才为主。教育目标是介于总体目标与教学目标之间的,比前者更具体但比后者更加概括。世界一流大学的本科教育目标早已从知识传授转向能力培养,着力构建与培养学生创造力相适应的课程与教学体系。美国普林斯顿大学在其本科教育教学改革中聚焦于提升学生8个方面的能力,即交流能力、分析能力、审美能力、拓展全球视野能力、问题解决能力、决策评估能力、社会互动能力及公民权利能力。改革人才培养模式,重要的切入点和突破口就是科学设计人才培养的目标框架。

(二)培养路径

课程是实现人才培养目标的基本单元,它直接影响学生知识结构的合理形成。当前我国高校在本科课程体系设计中,逐步关注设计通识教育、大类培养和跨学科教育所需的课程,但通识课程还局限在思想政治课、大学英语等课程,能够培养学生基本素养的课程开设得较少。事实上,大学课程体系应平衡好体现知识深度的专业课程与知识广度的通识课程,并实现科学教育与人文教育的平衡。麻省理工学院的詹姆斯·基利安教授指出,只有通识教育会导致肤浅,只有专业教育会导致狭隘和缺乏远见,需加强不同学术领域之间的联系,实现相互结合和整体化。注重课程的多样化、研究性、跨学科性和整合性,强调人才培养由"以知识为本"转向"以能力为本"。美国哈佛大学和耶鲁大学均通过不同形式,设置了一系列跨学科项目、专业和课程,在课程中综合跨学科合作研究的新成果,以系列讲座、研讨会、非正式小组讨论等形式丰富课程展现手段,帮助学生了解学科前沿、开阔视野、激发创造性思维。尽管如此,本科教学的中心内容仍然是充实专业教育,以鼓励学生钻研某一学科的深度。美国斯坦福大学每个专业都提供了一系列具有逻辑性、呈现显著级差的课程,通过设置写作课程提供给学生独立研究的机会,通过设计整合性的顶峰体验课程,使未参与科研活动的学生有机会思考和感受专业知识。纵观国内外高校的课程安排,跨学科、高效、成体系的课程改革目标仍然有待探索和解决。

教学方法是本科教育是否出色的中心内容。教师需要不断改进自己的课程内容与教学方法,淡化自身作为教师的职业倾向性,重视学生科学方法和科学思维的培养,不仅要引导学生学会学习、学会工作,还要让学生学会探索、学会创造。学生的学习应该是一个个性化的、主动探究的过程,建立在清晰讲授基本理论基础上的探究和表达活动会让学生更加受益。

科教融合的理念是以高水平的科学研究支撑高水平的本科教学。著名德国教育家威廉·冯·洪堡认为,创造力的培养是大学教育的重点。高等学校只有尽可能地把科学作为思想基础时,高等教育才能达到目的。起源于柏林大学的习明纳模式和实验室模式分别代表了在人文科学和自然科学领域开展探究与发现的最有影响力的教学模式。学者们认为,科研本身就是一种高效和有利的教学形式,将探究与教育相结合,不但会创造新知识,还能培养学生的洞察力和创新能力。这种结合不仅表现为教师自身边教学边研究,也表现为教学过程中科研的密切介入,培养学生开展科学研究的初步能力。科研本身意味着创造,教学需要体现创造性,理所当然需要有创造性的教师去实施。大学教师应当把已有发现和自己的发现相结合,引导学生走近学术前沿,施行科研育人,提倡参与性教学、研究性教学,增强学生的学术体验感,培养批判性思维,开发科学研究潜力。

教学学术理念则是把教学作为一门学术,凸显大学教学的学术性。大学教学支撑着学术的发展,教学不仅限于对已有知识的传授过程,而是一个教学相长、改造和扩展知识的创造过程。教学本身也是一门值得研究并发展的学术,教学学术不仅要探索方式方法,也包括教师如何将自己的学科研究成果转化为教学内容、教案和讲义。将科研资源、科技成果以及前沿课题有效转化为优质的教学资源、学术资源是科教融合发展中的关键问题。我国高校的人才培养环节中贯彻"宽口径、厚基础"的模式,通过增加通识教育课程、促进科学教育与人文教育相融合的方式来改造课程及知识结构体系。然而,专业化是现代高等教育发展的必然规律,通识教育只能在专业教育之下进行,教学方法、教学内容则逐渐呈从"以教师为中心"转向"以学生为中心",从"以知识为中心"转向"以问题为中心"等发展趋势。

(三)教育评价

教育评价是对教育目标、优缺点与价值判断的系统性调查,是为教育决策提供依据的过程。常见的本科教育评价应是一种基于目标的评价,针对人才培养目标的设定,判断其实现的程度。不同的教学单位和学者提出了一系列经典的教育评价模型,他们都将重点放在了考查学生的各种能力上,如发现问题的能力、独立思考的能力、分析问题的能力、知识和技能的迁移与应用能力、解决问题的能力、批判性思维能力、沟通表达能力等。教育评价制度模型已从"知识本位"转向"能力本位",从关注学生掌握专业领域的深度转向关注学生的知识应用能力、应对未来不可预测环境的适应学习能力,特别注重学生价值观塑造、长远发展和终身学习。

教育评价方法的应用和发展对于避免空洞化评价教学过程及其成果意义重大。其中,形成性评价是对学生的理解和进步进行的经常性、互动性评价。它能够确定学生的学习需求,从而设置教学内容并帮助学生从被动的接受式评价转变成为评价活动的主体和积极参与者。对学习的评价,不应以学生记住知识的多少来衡量,而应以学生在学习中主动参与的程度、意义建构的水平等因素来综合衡量。对本科生的学习过程、学习体验、学习感受与学习收获进行评价才是本科教育评价的全部。为引导学生进行探索、创新,应发展以这两者为导向的考核方式,引导学生学习的着眼点回到对自身发展有益的价值观、能力素质和知识水平上,通过开展评价促进教师、学生、教学的共同再发展。

第二章　我国土地资源管理专业发展现状

专业是高等院校履行育人职能的基本单元,优化专业人才培养模式,要与专业建设同频共振。了解本专业的整体发展历程,有助于找准专业的设立初衷及其发展定位。作为土地资源管理专业发展的核心,梳理专业建设历程、总结人才培养现状是必不可少的,通过了解各高校此专业人才培养的侧重及成才要求,能够凝练土地资源管理专业育人的共性特征,进而深入挖掘不同高校差别化育人的历史原因与深刻内涵。结合新时代高等教育工作新思想新要求、经济社会发展的新需求新动力,最终实现对土地资源管理专业人才培养模式改革主要趋势的精准把脉。

第一节　土地资源管理专业建设历程

高等学校的职责是为国家和社会输送高质量专业人才。专业作为高等学校履行其职能的基本功能单位,其体量和动能的大小不仅决定着人才培养的质量与水平,也决定着学校自身品质与社会声誉。专业建设既是高校教育教学工作的核心,也是高校办学理念、办学思想和管理水平的集中体现,专业建设成效直接关系着高等学校的办学特色与人才培养的规格和质量,最终决定了学校人才培养的竞争力,可以说,专业建设与人才培养息息相关。

我国土地资源管理专业于1998年首次设立。当年教育部对普通高等学校本科专业目录进行调整,印发了《普通高等学校本科专业目录(1998年颁布)》《普通高等学校本科专业设置规定(1998年颁布)》等文件,将原土地规划与利用专业和土地管理专业合并,正式提出土地资源管理专业,并划入公共管理一级学科,本科授予管理学或工学学士学位。该专业的前身是土地规划专业,创办于1956年,最早在东北农学院(现东北农业大学)设立,主要为了适应农业集体化需求。华中农学院(现华中农业大学)、南京农学院(现南京农业大学)等高校也先后设立了土地规划系,培养土地利用规划专业人才。受苏联专家在中国开办土地规划技术培训班以及国家向苏联派遣留学生的影响,当时的土地规划侧重于工程技术方面,全部招收理科生,直至"文革"期间停办,累计培养了数百名专业大学生。

党的十一届三中全会以后,土地资源管理同多数高等教育一样迎来了"科学的春天",土地规划专业先后恢复招生。1986年国家成立土地管理局,各级地方政府相继成立土地管理机构,专业人才十分匮乏,土地资源管理专业教育出现了前所未有的发展机遇,许多高等学校相继恢复或新建了土地规划与利用、土地管理等本科专业。1985年,中国人民大学设立了全国第一个土地管理专业;1987年,华中农业大学和东北农业大学在全国率先建立了农业资源经济与土地利用管理硕士点;1993年,经国务院学位委员会批准,在南京农业大学设置了全国第一个农业资源经济与土地利用管理博士点,1999年建立了全国第一批公共管理博士后流动站。

1998年教育部调整高等教育专业以后,全国土地资源管理专业迅速发展起来。同年第九届全国人民代表大会常务委员会第四次会议修订通过《中华人民共和国土地管理法》,正式建立了土地用途管制制度和耕地占补平衡制度,是对我国土地利用和土地管理方式的重大变革,标志着我国土地管理指导思想自此发生重大转变;与此同时,国土资源部正式成立,负责土地资源、矿产资源、海洋资源等自然资源的规划、管理、保护与合理利用,土地资源管理信息化、工程化、规范化逐渐推进,国家和行业对专业人才的需求迅速增加,土地资源管理专业的发展迎来了新的历史机遇。

传统的以农业院校为主要人才输送基地,且主要面向农业土地利用与农业经济的人才培养目标无法满足国民经济发展的需求,全国各地的工科院校和综合性大学纷纷开办土地资源管理专业,并结合学校办学基础与特色逐渐明确了差异化的专业定位。如中国农业大学在土壤农化专业基础上开办土地资源管理专业,在土地资源的特性与合理利用上有显著特色和优势;南京农业大学侧重于土地资源的经济特性、优化配置与管理方向;武汉大学在测绘专业基础上,重点突出了土地信息技术及其应用的专业特色;中国地质大学(北京)依托地学、工程技术和信息技术的学科基础,强化了国土资源管理的"土地评价与规划""土地整理复垦""土地信息技术"等技术手段,形成了地矿类院校的土地资源管理专业特色。

2006年6月,教育部高校公共管理类学科专业教学指导委员会(以下简称"教指委")成立,对组织各高校开展教学理论与实践研究、指导教学建设与改革发挥了重要作用。委员会下设的土地资源管理学科组根据社会对专业人才的要求,提出土地资源管理专业的人才培养目标:"毕业生应具有扎实的数理基础和必要的资源科学、地理学、经济学、规划管理学等基础,较高计算机和外语应用能力,了解各种国土资源特性、环境功能、经济与管理法规,掌握城乡国土资源与环境信息的获取、分析、评价和规划管理的基本理论、知识与技能;业务培养要求是强调以宽口径、应用型人才的培养为目的,通过多学科的交叉渗透,使学生受到良好的发现和解决科学技术问题能力的培养,同时要基本掌握以'3S'技术和土地信息系统管理技术为代表的现代土地资源科学研究方法。"从近年各高校开办专业的情况来看,除了发挥自身优势与特色外,都主要围绕这一人才培养目标展开教学组织、专业建设与课程体系设置。

中国地质大学(武汉)于1998年在原资源环境与城乡规划管理专业的基础上,正式设立土地资源管理专业,招收理工科学生,本科毕业授予工学学士学位,同时成立了隶属于资源学院的三级单位——土地资源管理研究所。作为一所当时主要面向地质与矿产行业的行业特色型工科高校,新办土地资源管理专业要兼顾考量专业的外部环境因素和内部支撑条件,在办学初期就找准专业定位、明确办学目标,是奠定专业长期稳定生存和良性发展的重要基石,也是研判人才需求形势、制定人才培养方案必不可缺的前提。

土地资源管理专业在设置初期,就明确了它是一门涉及自然、社会、经济、技术、法律和生态等多学科领域的交叉型专业,以土地可持续利用以及协调土地利用中的人地关系为核心研究内容，运用科学的理论、方法与技术手段，开展土地调查、评价、规划、管理、保护与合理利用，为国家和地方实施最严格的耕地保护制度和最严格的节约用地制度提供决策支撑。专业建设之初，为了充分明确专业目标与定位，教学团队成员曾先后到国土资源部（现自然资源部）、湖北省国土资源厅（现湖北省自然资源厅）、中国农业大学、华中农业大学、武汉大学等政府机构与高校广泛调研，通过认真研究，认为当时我国正处在政府部门分流转岗时期，且在今后一段时间内，由于设置该专业的高校数量增多，各级国土资源管理部门的专业人员将处于饱和状态，因此未来毕业生主要是到为国土资源管理部门提供管理和技术支撑的国土管理事业单位及市场中介机构或企业工作。基于这一判断，中国地质大学（武汉）在分析专业目标与定位上，将土地资源管理专业定位为"具有管理学、经济学的基本理论和扎实的数理基础及计算机技能，以'3S'等高新技术支撑的工科专业"。围绕这一定位，专业培养方案要求学生必须掌握土地资源调查、土地评价、土地规划、土地整理、地籍管理、土地信息系统应用、房地产开发与经营等方面的理论、方法及专业技能，熟悉国家的土地利用与管理方面的方针、政策和法规，了解国家宏观经济形势及土地在宏观调控及国民经济发展中的地位和作用，并通过设置大量的实践教学环节巩固提高学生的实践能力与创新能力。

2000年，中国地质大学（武汉）由国土资源部管理划归教育部管理，使学校发展进入了新的历史时期，土地资源管理专业被学校列为"211工程"学科建设项目非地学重点建设专业；2003年获得土地资源管理专业硕士学位授予权，同年土地资源管理系正式成立；2005年获得博士学位授予权，2008年4月被批准为"湖北省重点学科"，2009年被遴选为湖北省省级品牌专业建设点，10年时间专业建设取得了长足进展。

2012年，中国地质大学（武汉）进行院系调整，将原资源学院的土地资源管理系、原地球科学学院地理系的一部分（2019年因组建地理与信息工程学院再次调出）并入原政法学院，组建了新的公共管理学院。院系调整至今，土地资源管理专业在学院"追求卓越、以质图强"的办学理念指导下，以生为本、立德树人，将德智体美劳全要素贯穿人才培养全过程，突出学科专业特色，将思想政治教育与学科教学科研相融合、素质教育与实践教学相融合，全员全过程全方位推进学生主体性发展。专业办学结合国家目标以及国民经济发展与行业需求，发挥专业优势，通过培养方案修订和课程体系改革，加强实验及实践教学平台和基地建设，充分发挥"产学研"三结合人才培养基地的作用，形成"培养目标明确、工科特色鲜明、实践环节丰富、实践基地完备、教学设备精良、师资结构优化、教学质量优秀"且在国内具有显著示范效应的专业，培养专业基础扎实、实践能力强、综合素质高的土地资源管理专业学生。

2013年，在土地资源管理二级学科的关键支撑作用下，公共管理一级学科获批湖北省重点学科；2018年3月，国务院学位委员会印发《关于下达2017年审核增列的博士、硕士学位授权点名单的通知》，批准新增公共管理一级学科博士学位授权点；2019年10月，人力资源和社会保障部、全国博士后管委会联合发布文件，批准我校设立公共管理学科博士后科研流动站；2020年1月，土地资源管理专业入选国家级一流本科专业建设点。目前公共管理学院设有公共行政系、土地资源管理系、法学系3个系，包括公共事业管理、行政管理、应急管理（2021年新获批设立）、法学、土地资源管理和土地整治工程（2019年获批，2020年招生）6个本科专业，其中土地资源管理专业自创办以来每年招收2个行政班，招生规模在60人左右。

与很多专业一样,土地资源管理专业建设的早期也遇到过很多问题,如学科定位出现偏差、师资队伍结构不尽合理、人才培养机制存在缺陷等,但经过20余年的教学实践探索和人才队伍的发展壮大,专业建设逐步趋于系统化、科学化,人才培养路径趋于清晰,向社会输送的各层次人才规模稳步扩大,为国民经济发展和高校土地资源管理专业人才培养模式的不断完善与创新注入了强大的生命力。

第二节 土地资源管理专业人才培养现状

一定的办学规模和鲜明的办学特色是为社会培养优秀专业人才的重要基石,优秀的人才驱动行业健康良性发展也是高校推动人才培养模式改革与创新的重要原动力。

1998—2008年是土地资源管理专业高速发展的10年,多数部属高校、"211"院校都在此期间启动专业建设与人才培养。2008年底,全国有82所普通高校开设土地资源管理专业本科教育,72所高校具有硕士学位授予权,17所高校具有博士学位授予权,每年为社会输送近3000名本科生、500～800名硕士生、30～100名博士生,人才培养的数量、结构与层次相比1998年设立专业之初都有了长足的进展。2008年以后,新增该专业的高校数量明显放缓(以地方院校新增为主),至2019年,开设土地资源管理本科专业的高校增加至112所,不仅有农业类院校,还有众多的财经类院校和师范类院校。

根据艾瑞深研究院·艾瑞深校友会网(cuaa.net)著的《2020中国大学评价研究报告——高考志愿填报指南》和高等教育评价机构软科(Shanghai Ranking's Academic Ranking of World Universities,简称ARWU)发布的"2020软科中国大学排名",结合前期调研,我们从两个排行榜上排名前100左右的国内高校中梳理出开设土地资源管理本科专业的高校在办学特色上的侧重点(表2-1)。

表2-1 国内部分高校开设土地资源管理本科专业情况一览表

序号	高校	软科排名	校友会排名	高校办学层次	所在省市	专业特色	所属学院
1	浙江大学	3	5	985、211、双一流	浙江	土地管理、土地经济	公共管理学院
2	武汉大学	9	9	985、211、双一流	湖北	土地信息技术及应用	资源与环境科学学院
3	中国人民大学	18	5	985、211、双一流	北京	土地经济、土地制度	公共管理学院
4	四川大学	16	14	985、211、双一流	四川	土地管理、土地经济	公共管理学院
5	吉林大学	24	11	985、211、双一流	吉林	土地资源评价、土地规划	地球科学学院

续表 2-1

序号	高校	软科排名	校友会排名	高校办学层次	所在省市	专业特色	所属学院
6	中国农业大学	30	34	985、211、双一流	北京	土地调查与规划、农地保护、土地制度	土地科学与技术学院
7	华中农业大学	39	43	211	湖北	土地经济、土地政策、不动产评估	公共管理学院
8	南京农业大学	47	47	211	江苏	土地利用、土地经济与政策	公共管理学院
9	华中师范大学	44	36	211	湖北	土地经济与政策、城市土地管理	公共管理学院
10	南京师范大学	50	53	211	江苏	土地信息技术及应用、土地评估	地理科学学院
11	中国地质大学（武汉）	54	55	211	湖北	土地评价、土地利用规划	公共管理学院
12	河海大学	58	39	211	江苏	土地经济与政策、土地规划、征地拆迁与移民管理	公共管理学院
13	中国矿业大学（徐州）	60	74	211	江苏	土地利用规划、土地整治与生态修复	公共管理学院
14	西南大学	66	38	211	重庆	土地利用规划、土地工程、土地经济	资源环境学院
15	西北农林科技大学	68	56	985、211、双一流	陕西	土地经济、土地管理	经济管理学院
16	中国地质大学（北京）	70	101—200	211	北京	土地利用与规划、土地整治与生态修复、土地信息	土地科学技术学院
17	湖南师范大学	85	59	211	湖南	土地利用规划与管理、区域土地利用	资源与环境科学学院
18	华南农业大学	88	79	211	广东	土地利用规划、土地经济	公共管理学院
19	长安大学	91	91	211	陕西	土地信息系统、土地经济、土地规划	地球科学与资源学院
20	广州大学	100	101—200	—	广东	土地规划与利用、土地评价与管理	地理科学学院

从上表可以看出，20 所高校中，以浙江大学、四川大学、南京农业大学、华中农业大学等综合性大学和农业大学为代表的 10 所高校在公共管理学院下设土地管理系或土地资源管理系，开展土地资源管理本科人才培养工作，专业特色偏向土地经济、土地规划、土地制度及土地政策等；有 5 所高校立足自身在资源与环境方面的学科优势，将土地资源管理专业设置在资源与环境科学、地球科学等相关学院（如武汉大学、吉林大学等），在土地信息技术及其应用

方面具有特色；中国农业大学、中国地质大学（北京）以"土地科学"命名单独成立学院，系统实施土地资源管理专业人才培养，并于近年来新开设土地整治工程本科专业；南京师范大学和广州大学按照专业优势与学科方向，在地理科学学院开展土地资源管理本科专业教学，同时开设自然地理与资源环境、人文地理与城乡规划等"姊妹专业"，虽然分属不同学科，但专业之间相关性强，联系紧密；只有少数高校如西北农林科技大学则将该专业设置在经济管理学院，与农林经济管理、经济学等专业同属一个学院。

上述20所高校的专业特色与办学特点在全国具有较强的代表性，充分显示了高校整体办学基础对专业定位的深远影响。多数农业大学以农业经济、土壤农化专业为依托，在土地评价、土地经济方面颇具特色，办学特点与英国高校相近；工科类大学充分利用测绘科学和工程技术领域的优势，在土地信息、土地整治与生态修复等领域发挥了独到优势，办学特点比较接近德国和荷兰等国[如武汉大学、中国矿业大学、中国地质大学（北京）等]；经济类院校因为具备较强的经济学背景或较为全面的学科专业设置，侧重从土地经济和公共管理的视角研究土地问题，办学特色甚至向房地产经营与管理领域延伸；此外还有一类高校是以地理学为依托（如南京师范大学），办学特点与美国高校的地理专业相近，这类高校还包括北京师范大学、北京大学、中山大学等"985"高校，具备硕士和博士学位授予权，但没有开办土地资源管理本科专业。

尽管各高校结合自身传统优势和办学定位逐渐发展出自己的办学特色，但人才培养目标总体按照教指委的要求趋于一致，如最早开设土地资源管理专业、同时也入选首批国家级一流本科专业的中国农业大学就提出"培养具备现代管理学、经济学及资源学的基本理论，培养学生掌握土地管理方面的基本理论和基本知识，接受土地调查、土地评价、土地规划、土地整治、测量、计算机、地籍管理、不动产估价的基本训练，把学生培养成既具有现代管理理论又具有土地科学与管理领域专业技术才能，能在国土、城建、农业、房地产以及相关领域从事土地调查、土地利用规划、土地整治、地籍管理、不动产估价、土地管理政策法规研究与实施以及房地产开发、经营、管理等工作的高级专门人才"。2019年，该校本专业毕业总人数35人，其中：国内读研人数13人，境外深造人数3人，就业人数16人，其他3人。其他大多数"211""985"高校的土地资源管理专业培养目标与此比较相近。

中国地质大学（武汉）在2019年修订本科人才培养方案时，提出以下专业培养目标："本专业培养掌握马列主义、毛泽东思想与中国特色社会主义基本理论，德、智、体、美、劳全面发展，具备现代管理学、经济学、土地科学理论基础及'3S'技术，熟悉我国土地管理方针、政策与法规，能在国土、城建、规划、房地产、测绘、农业等部门及领域从事土地调查评价、土地开发利用、土地管理、土地信息系统等方面相关技术及管理工作的复合型人才及社会主义建设者接班人，为人类进步、社会发展做出应有贡献。"专业通过系统的课堂教学和课外学习，全面培养学生的基础能力、专业能力、实践能力和创新创业能力，使毕业生在工程知识、问题分析、设计/开发解决方案等12个方面达到专业毕业要求（表2-2）。

表 2-2　中国地质大学(武汉)土地资源管理专业毕业要求

序号	毕业要求
1	工程知识:掌握管理学、经济学、土地科学基本理论及"3S"技术,具有扎实的数理化基础及信息技术应用技能
2	问题分析:能够应用土地调查与评价、土地规划、土地管理、土地信息系统等方面的基础理论及专业技能,识别、表达并通过实习实训分析解决专业问题
3	设计/开发解决方案:能够设计土地资源利用与保护的解决方案,并能够在设计环节中体现创新意识,考虑社会、健康、安全、法律、文化以及环境等因素的影响
4	研究:能够灵活运用本专业所掌握的基本理论、方法、技能对土地利用评价、土地规划、国土空间管制等相关问题进行研究,并通过信息综合得到合理有效的结论
5	使用现代工具:能够针对本专业问题,选择与使用恰当的遥感、航测、测量、高性能计算、大数据处理等现代技术工具,掌握对专业问题的预测与模拟方法,并能够理解其局限性
6	工程与社会:能够基于专业相关背景知识进行合理分析,评价土地利用管理问题解决方案对社会、环境、健康、安全、法律以及文化的影响,并理解应承担的责任
7	环境和可持续发展:能够理解和评价土地利用、保护等工程实践对环境、社会可持续发展的影响
8	职业规范:具有本专业所应具有的工科和相关的人文社会科学素养、职业道德和规范,实现价值引领
9	个人和团队:能够在多学科背景下的团队中扮演个体、团队成员以及负责人的角色,培养集体主义精神、沟通协调能力和组织能力
10	沟通:能够就本专业问题与业界同行及社会公众进行有效沟通和交流,并具备一定的国际视野,能够在跨文化背景下进行沟通和交流
11	项目管理:理解并掌握土地工程管理原理与经济决策方法,并能在多学科环境中应用
12	终身学习:具有自主学习和终身学习的意识,有不断学习和适应发展的能力

从本科毕业生去向来看,该专业整体的读研深造比例较高,为40%～50%[如中国地质大学(武汉)2019年为51%],其他学生就业的代表性单位主要包括各级政府自然资源管理部门及其相关事业单位、房地产公司,以及土地规划、土地整治、房地产评估机构等。

此外,华中科技大学、北京师范大学、华南理工大学等"985""双一流"高校虽然没有开设土地资源管理本科专业,但具有土地资源管理二级学科或公共管理一级学科(土地资源管理方向)硕士点或博士点,每年也为国家及自然资源管理行业培养了大量高级专业人才。

第三节　专业人才培养模式改革的主要动力与趋势

一、新时代国家高等教育政策驱动

1983年，邓小平同志就提出："教育要面向现代化，面向世界，面向未来。"时隔35年，新时代全国高等学校本科教育工作会议在成都举行，以"坚持'以本为本'、推进'四个回归'，加快建设一流本科教育，全面提高人才培养能力"为主题，是改革开放40年来第一次全国本科教育大会；同年9月10日召开全国教育大会，习近平总书记发表重要讲话——《坚持中国特色社会主义教育发展道路　培养德智体美劳全面发展的社会主义建设者和接班人》，开启了中国教育进入现代化建设的新阶段和加快教育现代化的新征程，为推进新时代高等教育改革发展提供了强大的思想武器和行动指南。

人才培养是大学的基本职能，也是核心要义。"培养什么人"是教育的首要问题。首先，培养社会主义建设者和接班人是教育工作的根本任务，也是教育现代化的根本方向；其次，要贯彻落实新时代德智体美劳全面发展的教育方针，就必须根据高等教育人才培养的特点，努力构建更加全面的人才培养体系，实现教育与生产劳动相结合、与社会实践相结合；最后，立德树人是高校立身之本，只有以"回归常识、回归本分、回归初心、回归梦想"为基本遵循，通过先进的教学理念、教学体系、教学方法和优良的教风学风建设，才能形成更高水平的人才培养体系，这也是新时代对高等教育的迫切要求。

近年来，国家相继提出全面建成小康社会、创新驱动发展、生态文明、乡村振兴等系列重大战略，教育部相继发布《加快推进教育现代化实施方案(2018—2022年)》《教育部关于加快建设高水平本科教育全面提高人才培养能力的意见》"六卓越一拔尖"计划2.0等文件，提出要努力创建一流本科、建设一流专业、培养一流人才。2019年4月，教育部正式启动一流本科专业建设"双万计划"，以建设面向未来、适应需求、引领发展、理念先进、保障有力的一流专业为目标，在2019—2021年3年间建设1万个左右国家级一流本科专业点和1万个左右省级一流本科专业点。中国地质大学(武汉)积极响应国家战略需求，深入学习贯彻全国教育大会精神，坚持深化教育教学改革，始终把人才培养质量放在优先地位，近年来先后通过实践创新型复合型人才培养模式、"跨学科专业交叉融合、教学与科研实践融合、创新创业与专业教育融合"的"三融合"人才培养模式，不断提高人才培养质量，主动适应国家重大问题和区域经济发展趋势，适应知识创新、科技进步、学科发展、社会及行业需求，为社会输送了大量高质量人才。土地资源管理专业充分依托学校地球科学学科优势，紧密结合国家生态文明、乡村振兴等战略需求，努力开拓，不断充实优化师资队伍，推进专业办学与人才队伍国际化进程，高度重视办学条件的改善，并将教学与科学研究有机融合，努力创新并实践人才培养新机制，顺利入选了首批国家级一流本科专业建设点。

二、国民经济与社会发展驱动

改革开放以后,我国逐步建立了农村集体土地承包经营制度,为20世纪90年代开始的大规模快速城镇化过程奠定了基础,也为我国建立土地用途管制制度、转变土地利用与管理方式打下了根基。1990年以后,全国大中小型城镇数量扩张,都市圈、城市群加速集群化发展,城镇人口以惊人的速度聚集,城镇经济高速增长,产业结构持续升级,城镇空间快速扩张,城镇环境日新月异。进入21世纪以来,伴随着社会主义市场经济体制的建立与完善,城市国有土地使用制度改革拉开序幕,住房货币化政策下城市土地急速扩张使得大量农业用地转为非农建设用地,造成人口、资源与环境的关系日益尖锐,人地矛盾日益突出,城乡土地利用与管理方面逐渐积累了诸多深层次矛盾,国土、城建、农林、规划、不动产评估等行业对土地资源管理专业人才的需求与日俱增。

土地资源管理专业的设置与国务院国土资源部的成立同步,其发展始终和国民经济同频,人才培养模式也一直面向经济社会前进的方向。专业建设的前几年,各高校都不同程度地存在专业定位不清晰、课程体系不合理、师资队伍不足、教学内容陈旧且偏重理论忽视实践等问题,但众多高校都认同土地资源管理是一个交叉性、应用性和实践性都很强的专业,融合了自然科学与社会科学属性,涉及经济学、管理学、生态学、地理学和工程技术等多个学科领域,尤其是进入21世纪以来,越来越充分地认识到"创新是推动经济发展与社会进步的动力,培养创新人才是社会发展对高等教育人才培养的要求"。在2000—2015年间,高校根据社会经济发展形势对土地资源管理复合型、创新型人才的高度需求,先后通过3~4次人才培养方案的调整,不断优化课程结构与教学内容,强化本科实践教学环节和创新创业教育,同时大力培养和引进高层次师资力量,部分高校较早地实行了本科生导师制、学务指导等人才培养制度,将大学生创新创业科研训练融入教育教学过程,促进学生专业能力、创新能力与综合素质的全面提升,逐渐形成了"宽口径、厚基础"的土地资源管理复合型创新型人才培养体系共识。

进入"十三五"以后,党的十九大对深化机构和行政体制改革做出重要部署,以国家治理体系和治理能力现代化为导向,组建了自然资源部,统一行使全民所有自然资源资产所有者职责,统一行使所有国土空间用途管制和生态保护修复职责,主要对自然资源开发利用和保护进行监管,建立空间规划体系并监督实施,履行全民所有各类自然资源资产所有者职责,统一调查和确权登记,建立自然资源有偿使用制度,负责测绘和地质勘查行业管理等。自然资源部的组建标志着我国在推进生态文明建设进程中迈出关键一步,而土地作为自然资源系统中的关键本底要素,长期以来在推动社会经济发展方面具有重要的战略意义,国家大部制改革也为高校土地资源管理专业发展与人才培养带来了新的机遇和挑战,如何在保持专业特色的基础上进一步优化面向自然资源统一管理的课程体系,创新性开拓国家战略急需的专业人才核心技能,融合空间信息技术和大数据,创造适应自然资源综合监管的一流教学条件,为人才培养模式创新提出了新的可供发展的路径。

三、土地资源管理专业人才培养模式改革的主要趋势

(一)紧密结合学科前沿,面向国家战略急需

土地是地球陆地表面人类赖以生存和发展的重要物质基础与能源之源;与此同时,人类活动对全球环境变化也产生着巨大影响,包括气候、生物种类和土地结构。世界各国的科学家都在持续关注这些变化的起因、结果以及可能引起的响应。继土地利用/土地覆被变化(LUCC)研究热潮以后,国际地圈生物圈计划(IGBP)和国际全球环境变化人文因素计划(IHDP)又联合提出了全球土地计划(Global Land Project)的科学计划和实施战略,作为研究人与环境相互作用的重要一环,该研究计划将量测、模拟和理解人类-环境耦合系统作为核心目标。我国土地科学研究起步较晚,但发展十分迅速。随着我国人口增长和区域环境变化的加剧,土地资源承载能力日趋紧张,在人均土地资源相对不足、后备资源十分稀缺的现实面前,土地资源的合理与可持续利用已成为教育界、学术界乃至全社会关注的焦点。近 20 年来,土地资源管理在土地利用与规划、耕地保护、土地整治、土地信息技术、土地市场、城乡土地制度等诸多领域持续开展了深入研究和探索,土地资源管理专业人才也紧紧围绕学科前沿与行业需求,立足同时提升理论知识与实践能力的双重目标,多层次全方位建立复合型、创新型人才培养体系。

近年来,党中央相继提出生态文明思想和新型城镇化、乡村振兴、精准扶贫等重大方略,要求全面落实永久基本农田特殊保护制度,实施"藏粮于地、藏粮于技"战略,严守耕地红线,确保国家粮食安全;建立现代农业经营体系,深化农村土地制度改革和深入推进农村集体产权制度改革,维护进城落户农民的土地承包权、宅基地使用权、集体收益分配权,引导进城落户农民依法自愿有偿转让上述权益;增加农民收入,改善农村人居环境,补齐农村基础设施和公共服务短板,提高农村民生保障水平;通过统筹城乡发展空间,优化乡村发展布局,分类推进乡村发展,深入实施精准扶贫、精准脱贫,构建乡村振兴新格局;按照山水林田湖草生命共同体理念,坚持人与自然和谐共生,推动山水林田湖草一体化保护和修复,实现国土空间格局优化,提高社会-经济-自然复合生态系统弹性,全面提升国家和区域生态安全屏障质量,促进生态系统良性循环和永续利用。

在这一系列国家战略举措下,土地资源管理专业人才培养进一步面临从广度和纵深两个维度深化拓展的大趋势。从广度上讲,人才培养要着眼于培养德智体美劳全面发展的社会主义建设者和接班人,将"立德树人"融入思想道德教育、文化知识教育、社会实践教育各环节,将思想价值引领贯穿教育教学全过程,落实全员全过程全方位育人,即"三全育人"的重要思想。具体而言,要在落实人才培养方案各项目标的过程中,形成教书育人、科研育人、实践育人、管理育人、服务育人、文化育人和组织育人的长效机制,不仅让学生牢固掌握土地科学等专业基础理论,充分掌握本专业的实践技能,还要熟悉我国土地资源管理政策与相关法律法规,基于新时代全面建成小康社会对土地管理的迫切需求,引导学生充分理解"人地关系"和

土地管理在国民经济发展与生态文明中扮演的重要角色。教师要将这些育人思想融入平时的课堂教学、实践教学、科研活动和学生管理与服务当中，全方位地提高学生对本专业理论与实践学习的思想认识。从纵深上看，由于我国在改革开放以后只用了较短的时间完成了举世瞩目的高速城镇化过程，土地资源管理领域不断涌现出各种新情况、新问题，长期以来我们在专业理论方面的研究常常滞后于实践探索，往往是发现了长期矛盾的积累导致土地利用与管理的不可持续后，才由政府部门出台相应的政策、制度或法规加以调整和约束。

因此，土地资源管理人才培养在注重锻炼实践能力的同时，也不能忽视对学生理论素养的提升，要进一步加强资源科学、经济学、管理学等基础知识的学习，并在此基础上强化专业理论知识的学习，结合实践教学环节，从而培养学生将所学知识灵活应用于土地开发、利用与管理以及国土空间规划、土地整治与生态修复等相关领域的技术与管理能力，并能在工作中分析和解决实际问题，尤其是解决经济社会发展中与土地管理相关的种种新情况、新问题，成为推动土地管理及相关行业发展与创新的复合型人才。

（二）鼓励多学科交叉融合，深化教学、科研、实践"三位一体"建设

土地作为集成了人类活动成果的自然-经济综合体，本身就具有一定的自然特性与经济特性，土地资源管理专业学习也离不开地理学、经济学、管理学、资源科学等相关学科的知识背景，因此鼓励多学科交叉融合将是培养高质量土地资源管理专业人才的趋势之一，其中师资结构的多学科背景和跨学科性科学研究是培养交叉融合人才的重要保障环节。教师将各自不同的学科背景知识有机融入相关课程的教学环节与人才培养过程中，不仅能够引导学生创新思路，开拓视野，而且多学科背景的人才交流为多学科交叉融合的教师队伍构建和跨学科科研合作与创新提供了有效的智力支持，也是深化科教融合的重要前提。结合我校的地学优势背景和土地资源管理专业的工科优势，通过引进不同学科背景的人才队伍，建设跨学科专业的教学团队，能够有效促进多学科交叉融合，培养高质量专业人才。

历史教学研究与办学经验表明，优良的科研环境与浓厚的实践氛围能够极大地促进人才培养质量的提高。土地资源管理专业与国民经济发展联系紧密，我国历来十分重视实践教学在本科人才培养中的作用和科学研究对人才培养质量的提升作用。因此，在现有基础上不断深化教研相长的良性循环模式，将实践教学、课外科研实践等多种形式的专业实践活动融入教学过程，将教师队伍的科研资源转化为系统优质的教学资源，构建更高效、全方位的教学、科研、实践"三位一体"人才培养体系也将是未来人才培养模式中的重要环节。

（三）人才分类培养，注重实践应用与科研创新多维发展

因材施教是教育研究的永恒主题，在高等教育阶段也不例外。从高校类型上讲，尽管我国的"985""211"大学以培养研究型、创新型人才为主要目标，但在实现教育教学目标的过程中也要重视学生的个性化特征，通过实行本科导师制、学务指导制度等形式，鼓励教师在课堂教学以外的非标准化教学形式中发掘学生的潜质差异，注重引入分类培养、因材施教的人才

培养理念,给予学生在创新研究或实践应用方面多维度发展空间。从专业性质上看,土地资源管理专业本身既是应用性、实践性很强的专业,同时也面临诸多未解的理论困境,因此尤其有必要在人才培养过程中充分尊重学生的潜能差异与发展愿景,鼓励学生在科研创新或实践应用等不同维度多元化发展,为人才分类培养创造条件,既能输出优秀的创新型、研究型人才,也能为面向市场需求输出高质量的复合型、应用型人才。

第三章 我校土地资源管理专业高水平人才培养模式探索

第一节 国家战略与自然资源管理趋势下的人才需求变化

党的十九大报告擘画"两个一百年"奋斗目标,即在 2020 年全面建成小康社会、实现第一个百年奋斗目标的基础上,再奋斗 15 年,在 2035 年基本实现社会主义现代化。从 2035 年到本世纪中叶,在基本实现现代化的基础上,再奋斗 15 年,把我国建成富强民主文明和谐美丽的社会主义现代化强国。报告中提出"必须树立和践行绿水青山就是金山银山的理念""坚持节约资源和保护环境的基本国策""推进资源全面节约和循环利用""形成绿色发展方式和生活方式""加快生态文明体制改革,建设美丽中国"等要求和举措。

2018 年 3 月,国务院获批机构改革方案,在全国人民代表大会的授权下组建新的自然资源部和生态环境部,为新时代中国自然资源安全保障和综合管理的发展带来了新机遇。此前分布在国土、水利、农业、林业等 8 个部门的国土空间用途管理和生态保护修复职责全部被整合进新成立的自然资源部,同时还将组建林业和草原局。自然资源部将行使全民所有自然资源资产的"所有者"职责,避免"九龙治水"造成"所有权不到位"引发"公地悲剧"。自然资源部的设立是一项重大战略安排,它将自然资源调查、开发、收益和监管整合起来,实现水、土地、矿产、生物等自然资源的综合管理。

事实上,在资源环境问题凸显的严峻形势下,在国家"五位一体"的战略布局下,生态文明建设已成为全社会的共识。民众高质量的生活需求、经济高质量发展和高质量生态健康等对自然资源开发利用提出了更高的要求,也赋予了自然资源全新的使命和内涵。近年来,以十九大精神为统领,以自然资源部设立为契机,以提高自然资源对经济社会系统和生态环境系统综合保障能力为重点,以服务于国家"两个一百年"战略目标为抓手,探索如何继续发挥自然资源的基础作用、调整未来的国家资源安全战略、树立新的资源观等重大问题,提升关键性和战略性资源保障能力,寻求自然资源安全供给、健康发展的新路径,成为国家重大的战略考量。

生态文明建设是推动绿色发展新理念的重要任务,党和国家多次强调要加快构建"自然资源利用上线、生态功能保障基线、环境质量安全底线"(三条红线)。自然资源利用上线的划定,是资源消耗规模与速度的限定、对资源利用质量和效率提升的严格要求,是贯彻资源节约集约循环利用的新型资源观和保障自然资源安全的具体体现。2016年,国家发展和改革委员会等九部委印发了《关于加强资源环境生态红线管控的指导意见》,对全国和各地区资源消耗、环境质量和生态保护实行严格的红线管控制度。自然资源综合规划应对接国家战略部署和区域发展需求,制定并完善资源专项规划且加强与其他规划的统筹衔接。落实对各类自然资源的确权管理,发挥自然资源全民所有(部分为集体所有)的基本制度。依托各级政府的自然资源部门统一行使其全民所有者职责,负责保护、修复生态红线以内、资源上线以外的自然资源,向社会释放可供生产经营、开发利用的各类自然资源产权。

生态文明建设以尊重自然、顺应自然、保护自然为前提,以人与自然、人与社会和谐发展为宗旨,强调建立可持续的生产方式和消费方式,走可持续的和谐发展道路。自然资源工作坚持以可持续的方式管理自然资源和生态系统,生产出物质的、文化的、生态的产品和服务,支持经济社会可持续发展;同时面对新的和正在出现的挑战,促进生态系统的养护、再生、恢复,保护和管理人类文明永续发展的自然基础。在生态文明建设的过程中,自然资源工作具有基础性作用,对推动可持续发展具有全局性的重要影响。加快推进生态文明建设,需要自然资源工作坚持系统思维和底线思维,重点抓好优化国土空间开发格局这个艰巨任务,着力化解国土资源的空间开发适宜性问题、国土空间开发失衡所产生的产业结构性问题、区域经济与生态环境保护不均衡以及其他突出矛盾,促进经济社会持续健康发展。

土地资源是一种典型的自然资源。我国耕地资源有限,人均耕地面积仅为世界平均水平的一半,由于建设占用、农业结构调整等原因,耕地面积不断减少,建设用地快速增加,且建设用地持续扩张的局面在未来较长时间内仍将持续,并且,随着人口规模的增加和生活水平的提升,粮食需求不断提高,未来的粮食供应压力更大,耕地保护与建设用地间的矛盾将更加突出,成为威胁国家粮食安全的重要因素。与此同时,耕地质量持续恶化,作物单产较低,耕地有机质含量较低,不及欧洲同类土壤的一半,部分地区为追求产量,过度施用化肥现象严重,耕地土壤层变浅,板结严重,导致耕地透水透气性差,保水保肥能力较低,作物单产与部分发达国家有较大差距,低于美国、德国和英国等发达国家的单产水平,保障我国粮食安全,关键在于落实"藏粮于地、藏粮于技"战略。

伴随着经济快速增长,国家不断优化国土空间开发格局,坚持国土开发与资源环境承载能力相匹配、人口资源环境相均衡、经济社会生态效益相统一的原则,整体谋划国土空间开发,科学布局生产空间、生活空间、生态空间。根据自然生态属性、资源环境承载能力、现有开发密度和发展潜力,统筹考虑未来人口分布、经济布局、国土利用和城镇化格局,科学推进国土空间集聚开发、分类保护和综合整治。生产空间要集约高效,生活空间要宜居适度,生态空间要山清水秀。要视山水林田湖草等一切自然生态要素为生命共同体,进行整体保护、系统修复与综合治理。兼顾效率与公平,促进公共服务均等化。

优化国土空间开发格局,需坚持底线管控,划定生态红线、基本农田保护红线、城乡开发边界并严格管理。根据国土空间开发的限制性和适宜性,科学确定国土空间开发保护的规模、结构、布局和时序,划定城镇、农业、生态空间开发保护的管制界限。统筹配置各类自然资源,强化对各类开发与保护活动的空间引导和落地管控。严守生态保护红线、国家生态安全的底线和生命线。严格执行永久基本农田保护政策,严格实行耕地用途管制。严控城镇建设区、工业区、农村居民点等的开发边界,严控城镇规模和建设用地规模。

在上述国家战略和自然资源管理趋势的共同驱动下,对从事土地资源管理的人才所具备的发展理念、科学素养、知识领域和专业技能都提出了更新更高的要求。为此,中国地质大学(武汉)土地资源管理专业人才培养工作的着力点应放在国土空间规划、土地集约节约利用和国土空间生态修复3个方面。培养环节中应不断强化生态文明、绿色发展理念,树立人与自然和谐共存的生态伦理观,培育生态与可持续发展观念,掌握土地可持续利用、土地整治与生态修复规划技术与方法,紧紧依托已有的地学学科优势和资源,关注国土空间治理、土地生态环境等育人优势。

第二节 我校土地资源管理专业优势与特色

一、专业整体情况

中国地质大学(武汉)土地资源管理专业成立于1998年,经过20多年的发展,在学科建设和人才培养上取得了丰硕的成果。依托学校传统地学优势,以自然资源管理与空间治理、资源环境政策为主要研究特色,面向生态文明建设、乡村振兴、城乡融合发展、京津冀协同发展、长江经济带高质量发展等国家战略及"一带一路"倡议,开展耕地保护、国土空间规划、山水田林湖草生态修复等领域的教学与人才培养;参与制定相关的国家(行业)标准、规程、指南与案例,彰显在自然资源管理领域的特色与优势。

专业于2000年被中国地质大学(武汉)列为"211工程"学科建设项目非地学重点建设专业;于2006年获批土地资源管理二级博士点,2008年被批准为湖北省重点学科,2009年被遴选为省级品牌专业建设点。在2012年全国学位与研究生教育排行中,土地资源管理专业研究生培养获评五星级,排名第3位;2014年中国大学学科专业评价排行中,土地资源管理所在的公共管理学科被评为四星级,并列排名第7位;2017年全国第四轮学科评估中被评为B+学科,在143所参评高校中并列排名第15位,居全国前10%~20%行列;2018年获批公共管理一级学科博士点,土地资源管理专业2019年入选教育部首批"双一流专业"计划("双万计划"),已形成了本科生、硕士研究生、MPA、博士研究生、博士后流动站完整培养体系。学科总体具有较高的学术水平,在国内外相关专业领域具有较大学术影响。

专业下辖"自然资源部法治研究重点实验室",共建共享"国家地理信息系统工程技术研究中心"、中国地质大学(武汉)秭归野外实习基地,具备开展国土资源管理与工程技术、资源环境政策法规等教育与实践所必需的仪器设备、图文资料和实践场所。专业师资近3年承担的国家社会科学基金、国家自然科学基金项目等各级科研项目经费总额达数千万元,近5年发表各类学术论文逾百篇,其中被SCI收录的论文40余篇,出版各类专著、教材共计10余部,获得多项省部级及以上科研奖励。研究成果在国土空间规划、农村土地制度改革、国家公园管理、耕地利用评价与转型、国土资源行业教育与人才规划等领域发挥了较大作用,产生了重要影响。

第四章 土地资源管理专业人才培养的教学模式创新

教学模式设计的优劣决定了人才培养工作的基底,教学模式统领教学各环节、各要素,直接影响着高水平人才培养工作的导向和落地。如何确立符合教育教学总体目标的教学模式,如何基于现实背景、需求导向明晰教学改革重点,如何具体地设计、安排、优化教学各环节,如何科学地应用教学技术和方法,都是优化人才培养模式、推动实现高水平人才培养任务亟待解决的问题。

第一节 教学模式分析

一、教学模式的定义

"模式"是解决某一类问题的方法论,是对完成任务的理论指导,代表某个活动的结构或过程的范型。模式蕴涵着对一定事物隐藏规律的理论说明,是根据一定理论提出的具体操作模型或程序,指导具体的实践。模式也可以认为是对前人积累经验的抽象和升华,具有典型性、简洁性、概括性、模仿性等基本特征。最先将模式的概念引入教学领域的美国学者乔伊斯、韦尔和康恩,他们在《教学模式》一书中认为,"优秀的教学是由一系列的教学模式组合而成""一种教学模式就是一种学习环境,包括使用某种模式时教师的行为"。

我国对教学模式的定义主要可以分为四类学说:一是"理论说",认为教学模式是一定教学理论或思想的反映,是以简化的形式对教学行为进行引导与规范;二是"结构说",认为教学模式是在一定指导下对教学活动的框架和结构的基本安排;三是"程序说",类似于教学方式,认为教学模式是构建的具体教学任务、教学程序、教学策略所形成的过程体系;四是"方法说",类似于教学方法,从教学目标、教学任务、教学内容、教学过程、教学组织形式等方面探索教学的"大方法"体系。可以看到,教学模式包含众多内容,有核心理论、培养目标、操作过程、实现条件等,不仅包括实务上的教学方式方法,也包括教学理念理论;不仅有静态的教学组织与结构,如教师、学生、目标、内容、环境等要素,也包含动态的教学程序,是在一定教学目标下各个环节的协调协作关系。

二、教学模式的分类与发展

(一)教学模式分类

自近代教育学形成独立体系开始,教学模式的研究成了热点。不同的学者有不同的分类方法。在国外,乔伊斯和威尔的分类体系最具代表性,他们根据教学理论的不同分为信息加工型、社会型、个人型、行为系统型4种教学模式。信息加工型的中心是通过获得、分析资料,认识问题、解决问题,通过一定的表达方式提高人的内在动力从而理解世界;社会型是指利用一起工作的人所形成的整合力量来构建学习群体;个人型注重个体的独立和特征,使人们更清晰地意识到自己对自己命运负责;行为系统型将人类看作能够自我调节、自我实现的有机系统。

我国已有十分丰富的教学模式研究,从不同的角度,教学模式有不同的分类方法。最常见的是根据师生的主客关系区分3类教学模式:一是类似于初级的传统教学,以教师为主体、以学生为客体,师生系统地传授和学习书本知识;二是以学生为主体、以教师为主导,鼓励学生自主学习知识,引导学生学习能力的提升;三是教师和学生均属于主体,介于以上两者之间的教学模式。此外,还可根据教与学的主客体关系区分教学模式,如记忆、理解、思考3个类型,记忆模式中教师单向地向学生灌输知识,教师教授知识,学生接受内容;理解模式强调学生的反馈,关注教学的结果;思考模式强调教师的带动作用与学生的主动性,强调的是授之以渔的过程。

(二)教学模式的发展

1. 教学模式的发展阶段

1)教师单向传输阶段(从大学产生到19世纪)

最传统的教学模式是在经济社会发展有限、科技不发达的情况下所采用的,其典型代表是讲授-接受式教学模式,知识的载体常为书本等记载工具,基本流程为教师单向传输下的"讲—听—读—记—练"。这种模式中教师占据绝对的主体地位,学生被动地从教师那里通过不断重复、记忆和背诵的方式获得知识,老师的授课水平直接影响学生的学习效果。

2)seminar与班级授课相融合阶段(19世纪至20世纪50年代)

19世纪前后,随着教育的普及与重视,受教育人数急剧增加,班级授课和Seminar两种新的教学组织形式诞生。班级授课的基本流程为"感知—记忆—理解—判断";Seminar的课程组织是学生以课前研究为基础,师生在课堂上探讨交流,在学生的自主学习和与老师的交流探讨中师生都获得启发。在seminar与班级授课相融合的过程中,学生在老师的讲授、探讨和组织的各种活动中(如小组讨论)专业知识、合作精神、组织协调能力、语言表达能力、交流沟通能力等得到多方面的发展。

3)新技术、互联网阶段(20世纪50年代至今)

20世纪50年代之后,经济社会发展、信息技术兴起,为教学模式的创新和使用创造了良好的外部条件,诞生了融合信息技术的新学习模式。特别是从 20 世纪 90 年代开始,随着信息技术和互联网的普及,大学教学面临新的机遇与挑战,如何应对网络化和全球化的发展趋势创新、优化教学模式,使学生学习更加高效、更具有国际视野、更适应新时代发展需要成为改革热点。

2. 教学模式的发展趋势

多样化、信息化发展。受社会发展需要、快速的科技革新的影响,各高校不断有新的教学思想、教学要求、教学方法、教学方式出现,教学模式越来越多样化,呈现"百花齐放、百家争鸣"的积极态势。特别是在信息化建设的大背景下,教学方式、教学地点、教学程序更加灵活,高等教育融合了更多互联网的资源和平台,教学模式呈现明显的多样化、信息化发展趋势。

以"教"为主向重"学"为主转型。我国传统的教学模式的主体常为教师,单方面强调教师如何去教这个问题,以灌输式的课堂讲解教授理论知识,而忽略学生本身起到的作用。随着对学生综合素质、创新能力、实践能力的重视,高等教育开始认识到学生应当是学习的主体,开始思考学生如何去学这个问题,逐渐重视学生的参与程度、学习能力、个人成长,教学模式开始向学习型、成长型转变。

从知识课堂向知行合一的教学模式发展。传统教学的核心内容以理论知识为主,随着我国特色社会主义发展对应用型、复合型、创新型人才的需要,学生的动手能力、沟通协调能力、实践能力受到高度重视,实验过程、实践教学所占的比例越来越多,更多高校采取了课内、课外于一体的知行合一的模式进行人才培养。

三、土地资源管理"三维二改一中心"教学模式

我校土地资源管理专业汲取教学模式发展历史经验,顺应新时代教学模式发展趋势,结合学校地学特色,以培养复合型、应用型、创新型人才为目标,构建了具有工科特色的"三维二改一中心"教学模式。

(一)"三维"

土地资源管理高等教育是随着国土资源管理事业的兴起而产生和发展的。目前,土地资源管理行业涉及土地市场管理、国土空间规划编制等众多重要实务工作,与国民经济社会发展息息相关,需要大量的高素质、专业型、应用型人才。促使土地资源管理专业学生满足市场需求,服务于社会经济发展,是本专业人才培养的重要使命。因此,本专业教学高度重视学生理论知识和实践技能的同步发展,结合新时代国家战略需求与自然资源管理趋势,通过课堂教学、实验教学、实践教学"三维"一体的方式进行人才培养,努力打造理论知识扎实、社会适应力强、实践经验丰富的应用型人才,具体措施包括:更新教学实习内容,引入土地管理新理念、新方法、新技术的学习;推进校内实验室建设,优化实验设备和实验条件,完善实践教学;深化校企合作,为学生到企业实习提供良好平台;建设产学研基地,引导学生参加科研项目。

(二)"二改"

一方面,习近平总书记在全国高校思想政治工作会议上指出,要坚持把立德树人作为中心环节,把思想政治工作贯穿教育教学全过程,实现全程育人、全方位育人,努力开创我国高等教育事业发展新局面;2018年5月,教育部发布《教育部办公厅关于开展"三全育人"综合改革试点工作的通知》(教思政厅函〔2018〕15号),经评选,5个省(区、市)、10所高校及50个二级院(系)获委托作为首批"三全育人"综合改革试点;坚持立德树人,加强思政教育,推动"三全育人"成为教育教学改革的重要方向。另一方面,《2006—2020年国家信息化发展战略》指出:"信息化是充分利用信息技术,开发利用信息资源,促进信息交流和知识共享,提高经济增长质量,推动经济社会发展转型的历史进程。""信息化是当今世界发展的大趋势,是推动经济社会变革的重要力量。大力推进信息化,是覆盖我国现代化建设全局的战略举措,是贯彻落实科学发展观、全面建成小康社会、构建社会主义和谐社会和建设创新型国家的迫切需要和必然选择。"20世纪80年代以来,全球化的状态在世界范围内日益凸显,并已成为当今社会发展的基本特征,表现在经济、科技、政治、法制、管理、组织、文化、教育、国际交往、人际关系等各个方面。在新时代国家高等教育政策驱动及国民经济社会发展驱动下,我校土地资源管理专业顺应我国"三全育人"人才培养要求及信息化、全球化的发展趋势,推进教学模式改革,实现"思政课程"与"课程思政"的协同育人,并进一步深化土地信息工程知识学习,不断开拓国际交流新平台。

(三)"一中心"

《国家中长期教育改革和发展规划纲要(2010—2020年)》指出:要创新人才培养模式,培养复合型、创新型人才,以适应国家和社会发展需要。培养复合型与创新型人才,已成为建设创新型国家的必然要求。然而,我国大多数高校土地管理专业本科教学依然使用传统的内容和方法,侧重于培养土地资源管理领域的相关基础理论、专业技能和方法,不利于学生知识面的拓展和综合能力提升。我校土地资源管理专业以品德高尚、思想价值观正确、满足中国特色社会主义需要的人才培养为中心,切实贯彻以人才为中心的培养目标,将人才培养目标从重成才向重成长转型,从重知识向重能力转型,从重课堂理论向知行合一转型。

第二节 以人才为中心的培养目标转型

一、传统土地资源管理专业人才培养模式存在的问题

重专业、轻思想。土地资源管理专业人才培养的目标主要以专业理论与技能培养为主,围绕土地管理有关的理论基础、管理工作实务及涉及的软件与技术,开设了大量的课程,对于核心课程,配有专业实验、实践教学等环节,在毕业实习与毕业设计环节,会引导学生参与土地管理科研项目,深化专业理论与技术。在思想政治教育方面,要求培养"掌握马列主义、毛

泽东思想与中国特色社会主义基本理论"的人才,但在此方面无相关的实践环节,也无相应的激励措施,思政培养在质和量上均相对薄弱。

这种培养模式产生的直接问题为学生虽然掌握了专业理论与技能,但他们的世界观、人生观、价值观不适合于我国特色社会主义发展需要,在土地管理中,他们难以成为我国社会主义的可靠接班人。

德、智、体、美、劳协同发展机制不健全。培养目标中虽然提到了"德、智、体、美、劳全面发展",但其实现机制尚未建立健全。立"德"树人是教育教学的根本任务,要引导学生有正确的思想;"智"是授予系统科学的知识、技能,帮助学生适应社会;"体"指增强体质、提高意志力,促进学生身心健康;"美"指培养高尚情操和文明素质的教育;"劳"是培养学生劳动精神、动手能力的教育。德、智、体、美、劳五方面互相联系,在综合素质的培养中缺一不可,然而,从教学活动结构的设定看,人才培养中偏重"智"和"劳","德""体""美"并不突出,其具体培养放在哪个环节,如何培养,在教学活动中未明确体现。

德、智、体、美、劳的不协同培养将制约专业学生的综合素质,他们可以是具备土地管理工作基础能力的专业人才,但难以成为促进行业发展的领军人才。

自然资源管理新职责未充分融入。人才培养目标包含了传统土地管理的基本模块,如土地经济、土地评价、土地规划与土地信息等。然而,2018年国务院机构改革方案提出后,自然资源管理部门被赋予了更多新的职责,特别是在自然资源确权、调查、规划及统一管理方面;且随着经济社会及信息化发展,我国土地管理政策和方式经历了巨大变革,农村"三块地"改革、自然资源"一张图"工程、国土空间规划等相继提出。基于传统的教学内容,本科生毕业后难以快速适应新的土地管理工作,如何将自然资源管理新职责及土地管理新业态引入人才培养体系中,是各校土地资源管理专业均面临的重要问题。

二、土地资源管理专业教学目标改革

针对以上问题,本专业重新思考"为谁培养人、培养什么人"的问题,改革传统培养目标,努力培养品德高尚、思想价值观正确、满足中国特色社会主义需要的专业人才。

(一)落实"立德树人"根本任务

习近平总书记在全国高校思想政治工作会议上指出,要坚持把立德树人作为中心环节,把思想政治工作贯穿教育教学全过程。国无德不兴,人无德不立,立德树人关乎教育强国的实现,是新时代走向"强起来"的重要基石。立德树人是高校人才培养的根本任务和重要使命,应作为土地资源管理专业人才培养的重要目标。本专业紧紧围绕立德树人根本任务,充分发挥中国特色社会主义教育的育人优势,以理想信念教育为核心,促进"德育"模式的构建与实践、推进"德育"发展,形成人才培养新格局,落实"立德树人"的根本任务。

(二)加强专业人才思想价值引领

在信息化时代,面对复杂的社会环境、国际斗争,大学生每日接收到各类正面、负面的信息,影响着他们的价值观、世界观、人生观。此外,在社会发展的转型期,社会竞争越来越激进一步的变革,技术服务逐渐移动化、智能化、平台化。在教育方面,现代信息技术同样得到广泛应用,它开发教育资源、优化教育过程,成为提高学生培养质量中的一种新的教育方式。通过使用现代信息技术、学习现代信息技术,我国教育资源逐渐丰富、教育过程逐渐优化、教育方式不断创新,学生学习的热情及创造力被更大限度地激发。

一般意义上,全球化是指全球联系不断增强,是世界观、产品、概念及其他元素的交换所带来的国际性整合的过程。国际化、自由化、普遍化是当代全球化的主要表现,国际化主要是指跨越国界的交流与合作,不同国家的经济、政治的交流越来越频繁且跨国特征越来越显著;自由化是指贸易的自由化,跨境贸易投资更加自由和便利;普遍化说明不同国家的文化传播更加普遍,一个地区会接触到来自不同国家(地区)的文化习俗,人的价值观念逐渐受到多方的影响。全球化的对立面是本土化,全球化的发展会减弱对本土文化、生活方式、价值观念、意识形态的更新能力,但有助于推进本土文化的创新与发展。教育也是全球化影响的重要领域之一,全球化为新时代人才培养提供了机遇与挑战。机遇在于跨国界、跨文化的教育提供了知识互补、文化互补的机会,在交叉培养中有助于吸纳先进文化、完善知识体系、激发创新能力;挑战在于在国际文化的冲击与碰撞中,学生的意识形态容易受影响,学校需要加强思想政治教育,帮助学生看清事物本质,树立正确的价值观。

在信息化、全球化背景下,我国高等教育也发生了一系列的变革,主要体现在以下几方面。

各类网络授课平台和网络教学资源的应用。网络教学资源包括各类在线教学平台和在线资源,近年,学校的课程越来越依靠网络授课平台开展,特别是经过新冠肺炎疫情,网络授课平台的使用更加频繁并逐渐成为一项硬性要求,目前常用的包括云朵课堂、雨课堂等,为学生学习提供了更多便利。更多的学生通过网上的在线课堂学习知识,减少了教育成本,提高了教育效率和普及度。

信息技术融入教学内容。信息技术已融入了生活的方方面面,成为政府管理、企业办公、日常生活中必不可少的工作,为适应发展需要,与专业有关的信息技术被加入到培养目标中,不管是工科、理科还是文科,都在不同程度上学习着专业信息技术的使用原理与方法,相关内容也被视为课堂实习、教学实践的重要内容,作为学生必须掌握的技能之一。

思想政治工作受到高度重视。全球化中的文化碰撞及网络信息的爆炸对我国大学生的意识形态、世界观、价值观产生了较大影响,为了牢固党的领导,加强社会治理,思想政治教育受到高度重视,特别是在"三全育人"的要求提出后,各高校更是进行了全员、全过程、全方位的思政工作改革,思政元素被引入专业课中,并不断深入到管理层、服务层,学生的综合素质培养被提高到重要地位。

国际交流项目的增加。近年,我国大力支持本、硕、博的国际交流活动,提高了国际交流的资助比例和资助经费,让更多的学生有机会赴国外联合培养、参加国际会议或进行短期访学。此外,也从经费上支持高校教师走出国门,提供了大量的出国访学机会。

(二)信息化背景下的土地资源管理专业教学模式改革

1. 突出土地信息工程实践能力培养和教学保障

目前,地理信息系统(GIS)在土地数据采集、更新、分析、显示和储存方面具有显著优势。随着土地数据快速增长,信息技术在土地管理中的运用成了必然趋势。地理信息系统在各级政府部门已得到普遍运用,特别是在国土空间规划编制、土地用途管制、基准地价评估、土地信息管理等工作中,成为地方决策必不可少的工具。

土地信息工程以土地学科、计算机学科、空间统计学、测绘科学的基本理论为基础,用于计算机系统支持下的空间土地数据管理,具有模拟土地分析方法与模型的能力,可解决复杂的土地评价、预测、规划和管理问题。土地资源管理专业通过教授 ArcGIS、ENVI、MapGIS 等软件使用方法,培养学生熟练掌握土地信息数据采集、数据处理建模、空间分析、土地利用动态监测、数据库建设的技能。要求学生具有应用基本理论和专业知识,进行土地利用实际问题的综合分析能力,掌握相关的工程实践、计算机应用的基本技能,具有应用本专业知识,进行土地调查与评价、土地规划与设计、土地整治、土地信息管理的能力。具体表现在以下几方面:开设遥感概论、地理信息系统、土地信息学、土地空间数据与分析、地图制图学等 5 门课程进行理论学习,所占学分为 14 学分,合计授课 224 学时。遥感概论为地理信息系统、土地信息系统的先导课程,为地理信息系统、土地信息系统提供前期遥感数据处理专业知识,后两者主要集中于数据应用及分析,土地空间数据与分析、地图制图学是专业主干课程的延伸。地理信息系统、遥感概论、土地信息学、土地空间数据与分析的课内实验课时占比达到 50%,地图制图学课内实验课时占比为 25%,要求熟练掌握 ArcGIS、MapGIS、ENVI 等软件的操作原理。在实践中,引入本科生加入地籍测量、土地调查、国土空间规划等项目,教授 ArcGIS、MapGIS、ENVI、全站仪、GPS 等设备与软件的使用(图 4-1)。

2. 基于"一张图""大数据""无人机"等新科技的教学内容扩展

结合自然资源管理部门管理技术发展趋势以及国内外信息技术发展前沿,在教学内容中加入自然资源管理"一张图"平台建设的学习,重点介绍和展示了山、水、林、田、湖、草等自然资源要素以及居民点、交通线、建筑工程等社会经济要素的一套数据、一个库、一个平台管理系统的设计与使用;了解"大数据"的原理和应用及我国自然资源信息化与大数据共享服务平台的建设现状;增加运用无人机开展土地利用调查监测、处理土地利用信息的理论与实践教学(图 4-2)。

(三)全球化背景下的土地资源管理专业教学模式改革

1. 根据专业性质开设双语授课

首先,考虑到专业课的性质和教学内容,安排《遥感概论》中英双语授课,教师采用英文板书和多媒体课件教学,辅以中文讲解,以英语的思维和逻辑习惯促进专业知识理解,提高学生

图 4-1 全站仪、GPS 测绘技术的实践教学

图 4-2 野外考察无人机数据采集技术方法学习

的国际化水平。本课程由在海外一流高校获得博士学位的老师授课,有助于提高学生的学习兴趣、专业英语水平和英文资料阅读能力。其次《遥感概论》等课程用到了英文原版翻译教材作为参考资料,加强了发达国家先进科学技术知识的融入,有助于学生掌握国际研究现状,拓宽知识面。

2. 加强国际交流

首先,支持专业教师参加为期一年至两年的国际访学项目,目前,本专业大部分教师有出国留学经历;其次,土地资源管理专业大力支持本、硕、博学生出国访学及参加各类国际会议,积极为学生提供国际交流的机会,鼓励他们走出校园、走出国门;最后,本专业不定期邀请国内外学者来校为本科生做报告,丰富教学形式,拓展专业师生的国际视野,营造良好的学习氛围。

第四节 教学方式的"三维"优化

一、夯实课堂教学基础

课堂教学主要通过教师讲解进行理论学习,是普遍使用的教育手段,是所有教学方式的重要基础。与社会发展需要相对应,土地资源管理专业课堂教学的主要内容包括土地资源调查与评价、土地管理、土地规划、土地信息系统等方面内容。

(1)土地资源调查与评价是开展土地利用与管理的基础性工作。土地调查旨为查清某一国家、某一地区或某一单位的土地数量、质量、分布及其利用状况而进行的量测、统计和分析工作;土地评价主要指对土地的适宜性、限制性、生产潜力、质量等级等进行科学评价。只有准确摸清土地利用状况、掌握土地利用的主要特征,才能有效地进行土地开发、利用、整治、保护工作。土地资源管理专业围绕我国国土资源质量、数量和生态统筹管护的目标,设置了土地资源学、土地经济学、土壤学、地籍测量、不动产估价等领域的教学内容,传授土地调查与评价的新理念、新技术与新方法,并结合相应的实践环节,培养学生从事土地调查与评价实务工作的能力。

(2)土地管理是国家为维护土地公有制、调整土地关系、合理组织和监督土地的开发利用、保护土地资源而在行政、经济、法律和技术等方面采取的综合性措施。从广义上,土地法规、土地调查、权属管理、土地审批、土地利用规划与用途管制等均是土地管理的重要内容。土地资源管理专业结合我国生态文明建设要求及国务院政府机构改革方案,针对自然资源管理部门职责,设置了土地法学、土地管理学、房地产开发与管理有关的教学内容,重点教授土地管理有关的基础理论及专业技能,为从事国土资源管理相关工作奠定了基础。

(3)土地规划指在一定区域内,根据社会经济发展需要和当地自然、经济、社会条件,从空间上、数量上对今后一段时期内土地资源的开发、利用、治理、保护做出安排和布局,是国家实行土地用途管制的基础。土地规划有众多类型,其中,国土空间规划是新组建的自然资源管理部门的重要职能之一,是我国自然资源管理的重要手段。土地资源管理专业紧跟时代发展,结合国土空间规划的工作需要,设置了土地利用规划、城市规划、国土空间规划等方面的教学内容,并安排了专业课程设计,教授土地规划相关的新理论、新方法,重点提升与规划有关的实践能力,培养我国社会主义需要的专业人才。

(4)土地信息系统是管理信息系统的分支,由输入子系统、数据库管理子系统、系统管理子系统、专家子系统、输出子系统等5部分组成,主要任务是将土地位置、土地权属、利用状况等信息输入计算机进行储存,并实现土地信息的分类、检索、统计和分析等智能化管理,在地籍管理、土地定级估计、土地利用动态监测、土地用途管制、土地利用规划等工作中发挥重要作用。随着计算机软硬件的普及,3S技术(遥感、地理信息系统、全球定位系统GPS)在土地管理中已日常化,成为必不可少的管理工具。土地资源管理专业依托本校宽厚的地学背景和3S技术优势,将传统资源调查手段与现代3S技术相结合,设置了地理信息系统、遥感、土地信息系统、土地空间数据统计与分析有关的教学内容,为从事土地管理日常工作提供基础技术支撑。

二、强化实验教学环节

实验教学是课堂教学的补充,是根据特定目标,基于理论知识,运用相关设备,在观察、操作与分析中深化专业知识学习的教学方法。本专业对实验环节高度重视,大幅度提高了实验课程的学时,主要实验包括地理信息系统、遥感、土地利用规划、土地空间数据统计与分析,它们与本专业课堂教学核心内容相对应,能为学生参加土地管理的实践工作打下坚实基础。

在信息化背景下,土地信息系统是实验教学的重要内容,如:土地管理课程安排8学时的实习课,实习内容为基于GIS平台农村土地管理系统上机实验操作。土地利用规划教授学生使用相关绘图软件,绘制土地规划设计图。土地复垦与整治培养学生综合运用土地资源学、土地经济学、土地生态学、土地管理学、土地规划学等方面的理论知识和3S技术,设计土地复垦治理解决方案的能力。

三、优化实践教学体系

实践教学是培养创新意识、培养应用型与复合型人才的有效途径。土地资源管理专业的应用性较强,实践教学是人才培养中必不可少的环节。本专业构建"知行合一"大实践体系,从基础教学实习和政产学研用相结合的课外拓展实践两方面深化实践教学环节。

土地管理基础教学实习通过专业教师指导,带领学生到实习基地集中进行生产实践教学。实习采取分组方式,根据教学内容,各小组分工协调,查找文献资料,合作观测和调查。实习内容包括农村、城镇土地调查等,要求学生按照土地利用现状调查、更新调查、变更调查的实际工作程序进行实习区土地资源调查,包括室内遥感解译和野外实地调查两方面。对于农村土地,室内遥感解译内容为正射遥感影像图的纠正、镶嵌和标准分幅影像图的地类判读方法;利用GIS软件平台,建立实习区土地利用管理信息系统,完成面积统计和专题图的制作;分析调查区域土地利用的数量、质量及空间分布现状。野外调查内容为按照第二次全国土地调查的相关规程对实习区农村土地资源进行现状调查并成图。对于城镇土地,从室内遥感解译和野外实地调查两方面开展实习区各类土地利用的现状分布、闲置状况、建筑密度、容积率等情况的分析。

课外拓展实践是对基础教学实习的深入和补充。土地资源管理专业实践教学涉及土地测量、土地调查、土地利用评价、土地利用规划的实践与多种软件的练习运用,培养学生从事土地调查、评价、规划等方面的基本专业技能,以期为日后从事国土资源领域工作打下基础。本校土地资源管理专业基于政产学研用融合发展的要求,在政产学研用联动实践教学上进行较深入的探索与实践。

(一)学、产结合

积极与地方土地公司建立联系,鼓励学生走出校园,进入地方企业实习,促进学校与企业资源、信息共享,一方面提高专业人才培养的质量,另一方面有利于企业的发展壮大。目前,本校土地资源管理专业的学生与湖北永业行评估咨询有限公司、上海城市房地产估价有限公司、北京舜土机构、广东南方数码科技有限公司等企业建立友好关系,具有进入公司实习的便利机会,借助企业的平台,学生可以参与到我国各类国土资源项目实践,在实践中运用所学知识,掌握实务工作的技术与方法。对比证明,进入地方企业实习过的学生的就业机会更好,具有更强的业务能力、动手能力和沟通协调能力。另一方面,鉴于校企间这种友好合作关系,高校与企业有更多的交流机会,本专业教师能掌握社会需求,在课堂上可以更加深入地讲解理论知识,企业人员也便于得到知识创新,引导政产学研用融合发展。

(二)学、政结合

大力支持在校师生与政府部门合作。对于任课教师,以各类会议、项目、评审等活动为介质,加强与政府工作人员的交流,了解我国自然资源管理部门的工作制度、工作职责与重要业务,结合课堂理论与实践,重新思考教学内容并选取适合的教学方式,提升教师的综合素质与授课能力。对比发现,积极与政府部门沟通、广泛参加国土资源管理实务的教师讲授的课程更受学生欢迎。对于专业学生,鼓励到政府部门实习,参与我国日常自然资源管理事务,理解管理工作的现状、未来发展方向。目前,以项目为依托,本校土地资源管理专业,已在湖北、广东、青海、河南、宁夏等地建有产学研基地,专业学生被介绍到湖北、宁夏、青海、广东等地自然资源厅及地方市局实习,经历过实习的学生具有较强的沟通协调能力、更积极的思想认识及较高的综合素质。

(三)学、研结合

作为湖北省品牌学科、特色学科,并获得校级文明教学的科研单位,土地资源管理专业凭借在知识创新、学科建设和人才培养上取得的显著成绩,广泛承担了国土资源研究项目,包括国家社会科学基金重大项目、国家科技支撑计划项目、国家自然科学基金项目、国家社会科学基金项目、国土资源科技计划项目、国家地质调查项目、国土资源大调查重大项目等,项目区涉及湖北、宁夏、广东、湖南、河南、海南、浙江、安徽、青海、山东、重庆、广西、西藏等地,具有雄厚的科研实力。在科学研究中,负责教师依托项目,注重对各层次人才的培养,鼓励吸纳本科生进入科研团队,形成博士生"带"硕士生、硕士生"带"本科生的阶梯式指导模式。本科生通过平日与师兄、师姐的交流,可以获取更多的指导,能熟悉科研项目的一般流程,探讨创新思想,深化专业理论,学习方法与技术,实现教学与研究的结合。

第五章　土地资源管理专业人才培养的课程体系改革

　　课程体系是教学中头等重要的问题。它之所以重要,是因为它直接关系到培养什么样的人,关系到怎样构建学生合理的知识结构。土地资源管理专业旨在培养能在自然资源、房地产、测绘、农业等部门及领域从事土地调查评价、土地开发利用、土地管理、土地信息系统等方面相关技术及管理工作的复合型人才,其课程体系的设置一方面要注重学生基础理论与知识的传授,另一方面也要面向国家及行业需求,注重动手实践能力的培养。因此,通过土地资源管理专业人才培养的课程体系改革,不断优化已有课程体系内容,持续丰富教学手段方法,可以为培养新时代土地资源管理高水平人才奠定坚实基础。

第一节　"课程思政"元素探索与实践

一、土地资源管理专业导论的"课程思政"元素

(一)生态文明观

　　面对资源约束趋紧、环境污染严重、生态系统退化的严峻形势,2012年,党的十八大做出了"大力推进生态文明建设"的战略决策,提出"把生态文明建设放在突出地位,融入经济建设、政治建设、文化建设、社会建设各方面和全过程"的要求;2015年,《中共中央 国务院关于加快推进生态文明建设的意见》发布;2017年,党的十九大报告中,又再次强调要推进绿色发展,着力解决突出环境问题,加大生态系统保护力度,改革生态环境监管体制等;2018年,生态文明建设被写入了宪法。

　　2005年8月15日,习近平总书记到浙江省湖州市安吉县考察时首次提出"绿水青山就是金山银山"的科学断论。2017年,此理念被写入党的十九大报告;"宁要绿水青山,不要金山银山",表明了中国生态环境优先的坚决态度,也带动了我国执政理念和执政方式的深刻变革。

　　党的十八大之后,习近平总书记从生态文明建设的整体高度提出了"山水林田湖草是生命共同体"的生态治理理念,指明了以系统思维、大局观进行生态保护的总体路径,土地综合整治是实现"山水林田湖草"统筹修复、保护的重要举措,自然资源的科学管理成为落实生态

加速，城市土地利用中的矛盾不断加剧，一方面，城市的发展大量占用了周边优质农田，严重威胁到粮食安全，另一方面，城市内部土地闲置和低效利用问题严重，许多城市呈"摊大饼式"扩展。在此背景下，土地集约利用被引入到城市区域，并被视为缓解经济社会发展与生态环境保护冲突的必然选择，是践行"绿水青山就是金山银山"的有效途径。

鉴于对土地集约利用的高度重视，本课程详细讲解了土地集约利用在我国的实践。首先，讲解农业发展中的土地集约利用问题，分析集约利用在推进农业规模化、农业现代化中发挥的作用机理，介绍我国生态农业、观光农业的发展趋势。其次，讲解农村建设用地集约利用问题，解读"城乡建设用地增减挂钩"政策，分析农村居民点集聚发展的必要性及集聚过程中需解决的难点问题，学习农村居民点整理方法。再次，分析常见的城市土地浪费现象，介绍土地集约利用管理的有关政策，学习城市土地集约利用评价的方法，详细解释关键管控指标的选取和设置。最后，针对现在少数较发达城市可能面临的过度集约问题，借鉴土地利用报酬递减规律，分析过度集约现象产生的危害及解决办法，结合生态、生活、生产三方面效益论述适度集约概念。

三、土地管理学的"课程思政"元素

（一）自然资源信息化建设

2016年，国土资源部印发《国土资源信息化"十三五"规划》，规划提出："新一代信息技术已成为引领经济社会发展的先导力量""信息化已成为推动国家治理体系和治理能力现代化的重要手段""国土资源信息化已成为新时期推动国土资源事业发展的关键举措"，指出了土地信息管理在自然资源管理中的重要作用。之后，党的十九大报告提出了加快建设网络强国、数字中国、智慧社会，信息化进入全方位、多层次推进的新阶段。2019年，自然资源部印发《自然资源部信息化建设总体方案》，提出"建立安全高效自然资源'一张网'""建立三维立体自然资源'一张图'""建立统一的国土空间基础信息平台""构建自然资源调查监测评价应用系统""构建自然资源监管决策应用系统""构建'互联网＋自然资源政务服务'应用体系"等思路，进一步加快推进我国自然资源管理信息化建设进程。

考虑到以上背景，本课程重点讲解我国自然资源信息化建设的意义、作用及其中的关键问题，具体针对自然资源"一张图"建设项目，介绍其基本思路、数据体系、数据目录、协同机制，并通过实际案例，展示目前我国自然资源"一张图"建设成效。

（二）国际土地管理经验对比

受历史、文化、管理制度、发展水平等因素的影响，各国的土地管理制度有显著差异。在土地所有制上，欧美国家使用了土地私有制，而我国使用的是社会主义公有制。在土地用途管理制度上，美国管制的核心内容为通过州政府统筹管理土地利用规划编制工作，控制土地利用强度、控制城市扩张、保护农用地，进行土地用途管制。德国的土地管理职责分散在许多部门，形成多部门分工合作的管理制度，德国也注重土地集约利用，采用空间规划的形式进行土地管理，规划理念为我国的国土空间规划借用。日本是东亚地区最早编制国土空间规划的国家,形成了以国土综合管理为核心的国土空间规划体系,具有以法律法规为基础,各部门、各层级协调,刚柔结合管制,强化监督等特点。这些国家的管理经验对我国具有重要的参考价值。

然而,在不同的所有权制度、使用权制度下,我国土地制度的合理性也受到一定争议,如一些言论对我国土地权利的不完整性、强制性进行批评,认为现行公有制损害了公民的个人权利。鉴于此,本课程介绍了国外发达国家、发展中国家使用的土地管理制度和方法,对比我国土地管理与它们的差异,并分析了产生这种差异的原因,解释国外土地制度为何无法进行本土化及我国现阶段发展水平下现行土地管理制度的优势。

第二节 核心课程与特色课程建设

一、课程建设现状

目前,本校土地资源管理专业课程体系包括公共基础课(通识基础课+学科基础课)、专业教育课(专业基础课+专业主干课+实践必修课)、专业拓展课(公共选修课)三大部分,涉及课堂教学、课堂实验、综合实习、生产实践等不同环节。具体情况如表5-1、表5-2所示:

表5-1 主要课堂教学、课堂实验内容

类型	课程名称	是否有实验	实验环节所占比重
专业主干课	地籍测量 Cadastral Surveying	无	0
	遥感概论 Remote Sensing	有	50%
	地理信息系统 Geographic Information System	有	50%
	土地资源学 Land Resources	有	0
	土壤学 Soil Sciences	有	0
	土地法学 Land Policy	无	0
	土地空间数据统计与分析 Land Spatial Data Mining	有	50%
	土地信息学 Land Information Science	有	50%
	土地利用规划 Land Use Planning	有	33%
	土地经济学 Land Economics	无	0
	土地管理学 Land Management	有	25%
	不动产估价 Real Estate Appraisal	无	0

续表 5-1

类型	课程名称	是否有实验	实验环节所占比重
公共选修课	地图制图学 Computer Graphics	有	25%
	城市规划原理 City Planning	有	17%
	土地生态学 Ecology for Land Ecosystem	无	0
	土地复垦与整治 Land Recovering and Renovating	无	0
	土地科学发展趋势 Land Development Tendency	无	0
	资源、环境与可持续发展 Resources、Environment and Sustainable Development	无	0
	资产评估 Asset Evaluation	无	0
	国土空间规划概论 Introduction to Territorial Spatial Planning	无	0
	房地产开发与管理 Real Estate Development and Management	无	0

表 5-2 综合实习、生产实践内容

序号	课程名称	时长	学期分配
1	军事训练 Military Training	2 周	1
2	Python 语言程序设计 A Course Design for Python Language A	1.5 周	2
3	测量教学实习 A Surveying Practice A	1 周	2
4	地籍测量实习 Cadastral Surveying Practice	1 周	3
5	土壤基本技能实习 Basic Soil Analysis Skill Practice	1 周	3
6	土地资源调查实习 Land Resource Surveying Practice	1 周	4
7	土地管理基础教学实习 Land Administration Practice	6 周	4
8	土地管理专业课程设计 Land Management Courses Designing	6 周	6
9	毕业实习 Graduation Practice	9 周	6
10	毕业论文（设计） Graduation Thesis(Design)	10 周	8

从以上表格可以看出,本校土地资源管理专业主要教授了土地资源调查、评价、规划与保护的有关理论、技术与方法,涉及国土资源管理的各个领域,本专业高度重视实验、实习、实践内容,在专业主干课中安排了大量的实验课时,特别是遥感概论、地理信息系统、土地空间数据统计与分析、土地信息学这类偏向于实用性的课程,综合实习、生产实践环节也跨越了较长时间。

二、课程建设要求

(一)融入自然资源管理新理论、新方法

在土地资源管理专业核心课程和特色课程建设中,应坚持在稳固基础理论知识教学的前提下,进一步革新拓展课程体系内容,融入新时期自然资源管理的新理论、新方法,为学生将来从事自然资源管理相关工作打下深厚的基础。

首先,要积极贯彻落实"尊重自然、顺应自然、保护自然的生态文明理念"。例如,在土地资源学课程中,应从资源利用的角度分析山水林田湖草的统筹开发利用与保护,在土地经济学中从土地集约利用和规模利用的视角分析土地可持续利用的有效途径,在土地科学发展趋势中讲解景观生态规划理论和方法,交流山水林田湖草各类空间统筹保护的先进思路,在资源、环境与可持续发展中通过社会、经济、法律、哲学、工程技术等诸多学科领域的交叉,介绍可持续发展在资源利用、环境保护、清洁生产、消费等领域的实施。以上这些内容的学习,有助于学生深入领悟习近平生态文明思想,并在今后的工作中,落实贯彻相关思想理念。

其次,应针对新时代国土空间规划体系,加强对国土空间规划理论与方法的学习。"十三五"规划提出了"建立国家空间规划体系,以主体功能区规划为基础统筹各类空间性规划,推进'多规合一'"的要求。之后,自然资源部的组建被赋予了"建立空间规划体系并监督实施"的重要职责,国土空间规划的编制被提上日程,在各省、市、县、区域陆续开展,成为我国重要的空间规划。在此背景下,本专业课程体系中应融入国土空间规划编制的内容,并开设国土空间规划概论的选修课程,通过该课程的学习,有助于培养学生运用专业知识分析并解决国土空间规划理论与实际问题的能力,使学生具备编制区域国土空间规划的专业知识与技能,为今后从事国土空间规划相关的科学研究与实践工作奠定良好基础。

最后,应顺应信息以及测绘技术的飞速发展,加强对自然资源管理新技术的学习。当前,自然资源管理事业的发展处于关键转型期,新的技术手段改变自然管理方式的趋势日益明显。因此,在土地资源管理专业课程体系建设中应利用大数据、机器学习等新技术重视培养学生的土地信息数据采集、数据处理建模、空间分析、土地利用动态监测和数据库建设技能。另外,传统的土地调查主要依靠人力、物力,调查效率较低而成本较高,随着空间技术的发展,使用无人机获取遥感影像解译土地利用状况的方法在近几年被广泛使用。在此背景下,本专业课程体系中加入对无人机技术的学习,增加航测技能教育这门课程,让学生们了解国家对无人机飞行的相关政策和规定,学习无人机的工作原理、实际操作、常见问题及影像制作,有助于为今后使用无人机进行实践工作奠定良好基础。

（二）加强实践能力培养，提升学生综合素质

土地资源管理专业面向自然资源管理、土地科学领域问题，服务于国土空间开发、利用与管理工作，具有很强的应用性，对学生的实践能力有较高的要求。因此，考虑到传统的课堂教学不利于培养德智体美劳全面发展的高素质人才，新的课程体系增加了大量的实验、实践、实习时间，加强对学生实践能力的培养。本专业课程体系中主要专业实验包括土地信息系统、遥感概论、土地利用规划、土地空间数据统计与分析；主要实践性教学环节包括计算机程序课程设计、测量实习、地籍测量实习、土壤基本技能实习、土地资源调查实习、专业课程设计、专业教学实习、毕业实习、毕业论文（设计）。它们被安排在不同学期、不同课程中，既有针对某门课程的专门的实验环节，又有综合了各门课内容的实践教学，还有与社会发展相结合的实习过程，不仅有助于增强学生的体能、提升动手能力、深化对知识的理解，还可以锻炼学生的实践能力、合作能力、协调沟通能力，对提升学生综合素质具有重要帮助。

三、核心课程建设

（一）土地资源学

土地资源学是土地资源管理专业的专业主干课之一，主要研究土地类型的时空变化规律、土地调查和评价、土地生产潜力、土地合理开发与保护，本课程的主要内容包括三大模块：基础理论、技术方法、理论与方法的应用。基础理论部分：深入了解土地和土地资源的基本概念及其基本特征；掌握土地资源的气候、地学、水文及生物、土壤等自然要素及其结构特征、土地资源的社会经济特征；了解土地分类、土地资源分类的基本原则、分类体系。此模块的重点是：区分土地、土地资源的概念；土地产权制度的了解；土地资源的空间分布规律；土地资源的自然要素和社会经济要素对土地开发利用的影响；常见的几种土地资源分类体系。技术方法部分：了解土地资源调查和评价的基本概念、理论和方法，熟悉土地资源调查和评价的一般方法、程序、内容，能在野外识别和划分土地利用现状类型并且理解其含义，对3S技术在土地资源调查中的应用有一定的了解。此模块的重点是掌握土地利用现状调查规程，农用地分等、定级、估价规程；熟悉几种主要的土地资源评价类型：生产潜力评价、土地适宜性评价、土地经济评价等。理论与方法的应用部分：掌握土地资源人口承载力、土地生态系统的基本概念，掌握土地生产潜力、土地人口承载潜力的分析方法；了解土地资源可持续开发利用、保护和复垦基本原则和评价体系；了解我国现阶段耕地保护与粮食安全的现状、土地资源开发利用、保护的相关政策法规。此模块的重点是掌握土地人口承载力的计算方法；土地综合整治的原则、内容和规程。

（二）土地管理学

本课程是在学习土地经济、土地法、土地资源、土地规划等多门课程的基础上，对土地管理中涉及的土地利用、土地法制、土地权属、土地信息等内容进行综合讲授。课程教学着眼于当前和可预见的未来我国土地管理中可能出现的新问题，主要讲授土地管理的概念、特点、目

的和意义,地籍管理、土地产权管理、土地利用管理、土地规划和计划管理、土地信息管理、土地法制管理等。重点为地籍、地权、地用和土地信息管理。针对现代土地管理中一些疑难问题、典型案例进行讨论,通过典型案例的讲解和剖析,加深学生对土地管理的认识。同时,针对这些问题,进行课堂讨论,激发学生对本课程的兴趣,提高学生解决实际问题的能力。重点讨论的问题为:土地的合理高效利用、耕地保护、农村建设用地流转等。本课程安排了8学时的实习课,实习内容为基于GIS技术的农村土地调查管理系统的实践操作,针对课程内容提出有关的论题,引导学生自己查阅文献,编写读书报告,开阔视野,丰富知识。

(三)土地经济学

本课程引导学生了解西方经济学地租理论和马克思主义地租理论及其区别,重点掌握资本主义级差地租形成的条件、原因与来源及影响因素,资本主义级差地租Ⅰ、Ⅱ的关系;掌握资本主义绝对地租形成的条件、原因与来源及影响因素;了解资本主义垄断地租、矿山地租和建筑地段地租的来源及特点;了解社会主义级差地租和绝对地租存在的依据,社会主义级差地租的性质、特点和分配,社会主义制度下地租范畴的理论和现实意义。通过对土地市场及其供给与需求,地租、地价理论及应用,土地金融,土地税收,土地集约利用,土地规模利用,土地分区利用,土地可持续利用,土地制度概论等内容的学习,使学生理解掌握管理学、经济学等相关知识、专业技能及培养人文社会科学素养、职业道德和规范;引导学生能够灵活运用本专业所掌握的基本理论、方法、技能对土地利用评价、土地规划、国土空间管制等相关问题进行研究,并通过信息综合得到合理有效的结论,提高综合素养。

(四)土地利用规划学

本课程主要介绍土地利用规划的基本概念、任务、内容、程序,我国土地利用规划的发展历程,国外土地利用规划发展比较及土地利用规划的基础理论和规划原则,土地利用总体规划、土地利用详细规划和专项规划、土地利用规划实施、土地利用计划、土地用途管制、土地利用动态监测的有关内容。要求学生掌握应用现代规划理论与方法,分析区域土地利用的宏观、微观条件,预测土地供需状况,合理规划土地利用,使土地利用的综合效益达到最优的技能。

(五)土地信息学

土地信息学是集土地科学、计算机图形学、遥感、地理学等相关学科为一体的一门新兴交叉学科,其任务主要是综合运用土地科学与信息科学分析和解决土地利用与管理过程中出现的问题。通过专业课程的教学,使学生较好地掌握土地信息科学的基本概念,土地信息表达、传输、共享等基本理论知识以及土地信息处理和分析基本技能,了解土地信息系统的开发原理,熟练掌握土地信息系统的操作及实践应用。课程学习包括课堂讲授与课程实习两部分。课程内容主要涉及土地信息科学的基本概念、理论基础、方法体系等,具体包括介绍土地信息的概念和国内外土地信息学相关学科的发展动态,土地信息的分类、采集、表达、存储、管理、分析和应用的理论与方法,也涵盖在计算机系统支持下进行土地管理、评价、预测、规划等实践。课程重点包括土地信息学的基本概念、土地信息获取、土地空间数据组织和管理、土地信息空间分析技术、土地信息处理模型、土地信息系统设计与开发等。课程难点主要是土地空间数据组织和管理、土地信息空间分析技术、土地信息处理模型、土地信息系统设计与开发等。

(六)土壤学

土壤学由土壤的形成与发育、土壤的基本物质组成与性质和土壤资源利用与管理3部分组成,主要内容包括土壤发生学、土壤物理学、土壤化学、土壤生物学、土壤分类分布和改良等。通过本课程的学习,使学生掌握土壤学的基础理论和基本技能,具备土地资源管理相关技术的专业知识;培养学生的实际动手能力、观察能力以及分析问题、解决问题的能力。本课程主要讲授:主要的成岩矿物、地表主要分布的岩石类型、岩石与土壤肥力的关系,掌握主要成岩矿物及地表常见岩石的识别;土壤、土壤剖面、土壤肥力的概念,土壤的特性及其在人类农业和自然环境中的作用,以及土壤学科的发展历程和主要内容;土壤母质的形成,土壤矿物质、有机质、土壤生物和土壤水及空气的物质组成和性质,学会分析土壤各物质组成与土壤肥力的关系;土壤的环境过程,包括土壤形成发育过程、土壤胶体化学和表面化学过程、土壤养分循环与平衡、土壤酸碱反应等;土壤耕作、土壤质量、土壤调查、土壤分布等土壤管理与保护的理论和技术。

(七)遥感概论

遥感概论是多学科的综合,具有很强的"交叉性"。它既需要认识电磁辐射的基本原理,又需要熟悉地球科学及相关学科(空间科学、信息科学、生命科学等)的内容,还融合了数学、计算机科学等多种学科的知识,被广泛地应用于国民经济与社会发展的各个领域。本课程旨在通过课堂讲授、上机操作等方式,让学生掌握遥感专业领域相关基础知识,了解该学科的应用及发展状况,从而为其后续相关的学习和研究打好基础。同时,通过采用国外原版教材进行全英文教学,让学生知识体系与国际接轨,提高学生国际竞争力。本课程教学的主要内容包括三大部分内容。第一部分重点阐述遥感系统的基本理论、物理概念、遥感数据源的获取、传输机理、成像规律及各类遥感信息的特征;并分别介绍可见光、红外、热红外、微波遥感的特点及其研究进展等。第二部分主要阐述遥感图像的解译、数字图像处理、遥感综合分析方法、数据融合与同化、遥感变化检测,并着重介绍遥感定量分析的方法及其模型等。第三部分以理论、方法、实例相结合,择用国内外典型实例,从土地、植被、水体和海洋、地表能量与辐射平衡、土壤水分、地质等方面进行总结,反映遥感信息科学的广阔应用前景。

四、特色课程建设

(一)国土空间规划概论

国土空间规划概论是土地资源管理专业选修课,主要面向三年级本科生。该课程是在我国长期探索各类规划编制实践、充分吸收国际先进的规划理念并总结提出"建立国家空间规划体系"的背景下,顺应空间规划从增量时代物质规划向存量时代品质规划转型的趋势而开设的。课程将土地科学基础理论与规划实践充分结合,是一门具有较强理论性、应用性和探索性的专业课。学生在修读了土地资源学、土地生态学、地理信息系统、土地数据处理等课程后学习本课程,帮助学生学习如何塑造以人为本的高品质国土空间,进而引领国土空间利用高质量发展,掌握国土空间规划相关理论与实践知识,是对土地利用规划学等专业主干课的有效补充。

国土空间规划是依据国家或区域经济社会发展战略和国土自然条件,对国土空间开发利用、生态环境保护、国土综合整治和支撑保障体系建设做出的统筹谋划和总体部署,是实现地区人口、资源、环境可持续发展的战略手段。本课程的主要任务是综合应用相关规划理论与方法,结合国内外规划实践与发展动态,使学生较好地理解国土空间规划相关基本概念与基础理论,熟练掌握国土空间规划的主要技术方法与模型,熟悉国土空间规划编制中的关键环节和主要程序,了解国土空间规划的实施与相关制度等。

授课内容围绕国土空间规划的基本概念、理论基础、方法体系和主要实践等核心内容展开,具体包括国土空间规划绪论、国内外空间规划进展与动态、国土空间规划的基本方法与模型、国土空间开发条件分析、国土空间规划战略分析、国土空间规划相关指标测度、国土空间格局优化、国土空间规划实施制度保障,以及高新技术与方法在国土空间规划中的应用等。

(二)航测技能教育

本课程属于创新创业类课程,是土地管理专业工科特色课程之一。无人机在国土资源领域应用的迅猛发展和普及,使得国土行业对掌握无人机飞行控制基本技术和无人机影像基本处理能力的人才需求快速增长。本课程通过教学和实践,帮助学生在保证安全的前提下,熟练操控无人机的飞行,掌握飞行线路规划的基本方法,熟悉航测影像的校正技术和应用领域,达到提升学生应用无人机获取数据专业能力的目标。

本课程将讲授内容分为基本背景知识与政策解读、基本操作规范与故障排除、无人机飞行实践及成果应用四大部分。基本背景知识与政策解读主要讲授航空航天数字测量技术的差异及应用场景的不同,同时就无人机的特殊性解读国家对无人机飞行相关政策和规定,避免违法飞行;基本操作规范与故障排除主要讲授地面定位点的布设与要求(RTK 基站调试与地面定位点布设)、无人机操作规范及线路规划、飞行流程、常见故障排除;无人机飞行实践通过实际操作帮助学生掌握无人机起飞、降落、飞行安全控制方法;成果应用帮助学生掌握航测影像校正、拼接和数字正射影像图的制作。

(三)土地科学发展趋势

本课程是本科生在完成主要专业基础课和专业课学习的基础上了解国内外土地科学前沿的理论、方法和技术,展望土地科学的未来,为将来的学习和研究指明方向。课程主要讲解土地科学体系结构、土地管理动态、土地制度研究前沿、土地规划新方法、土地生态研究热点、土地评估与评价新技术、土地金融发展、城市土地发展、土地可持续发展利用、国土资源信息化建设等土地科学的核心内容,要求掌握土地体系的建立和组成结构,各研究单元中的新技术。要求学生通过听课、查阅资料、参与讨论等熟悉土地科学研究的进展、实践发展、前沿动态，能够综合运用所学专业知识寻找、认识、分析土地科学问题；熟悉土地科学体系、土地利用研究进展与实践、土地利用规划理论与实践、土地管理动态、土地管理新技术、土地调查评价技术方法与实践、土地制度研究动态、土地产权改革研究进展与实践、土地金融创新研究与实践、城市土地利用研究动态等方面内容。

第三节 课堂教学的新方法、新技术

随着科学技术的飞速发展，大学教师不断应用新方法、新技术与课堂教学的整合，以创造多样化的学习情境、优化学生学习模式为目的，利用信息技术转化教学内容。课堂教学的新方法、新技术的作用主要在于以下几方面。

(1)增强教学效果，提高教学质量。现代教学媒体不受宏观、微观、时间、空间的限制，而且传递的声像、信息多是动态的，可听、可看、可玩。具体、生动、形象，感染力强，易于集中学生注意力，调动学生的学习兴趣和学习积极性。另外，现代教学媒体还可以使教学内容具体化、清晰化、动态化，让学生更加直观地学习专业知识，有助于突出教学重点，解决难点，有利于加深理解和巩固所学知识，增强了教学效果。

(2)改善教学模式，提高教学效率。在人们的学习、对知识的掌握中，多种感官并用，学习效率最高。现代化教学手段以声画同步、视听结合的方式，高效率传递教学信息，可以有效地发挥人的大脑两个半球的优势。另外，现代化教学手段的应用，改变了教师一言堂的传统教学模式，学生既可以主动参与教学信息交流，也可不受时间、规模的限制，随时采用现代教学媒体进行学习，自行调节教学内容，在照顾全面的同时，又兼顾到学生的个体差异，很好地贯彻"因材施教"的原则，极大地提高了教学效率。

(3)扩大教学规模，促进教学改革。电化教学媒体传播信息迅速，覆盖面广，大大扩大了教师的教学范围。传统的班级授课制，信息是一比几十的传递；而用现代教学媒体进行教学，一个教师能同时教成千上万的学生，大大节省了师资、校舍和设备。另外，多种多样的电教媒体，具有广泛的适应性，为学习者提供了方便有效的自学条件，加速了教育的普及和发展，扩大了教学规模。现代教学媒体同时也帮助人们改变教学观，推进教学改革向前发展。

一、交互式教学法

工科属性土地资源管理本科专业的基础课程内容非常充实，教学目标是成体系地掌握土地科学系列知识点，用知识点去分析求解现实中的土地利用与管理问题，课堂时间非常宝贵，教师组织互动的原则应该首先不影响主线知识讲授的进行，同时能达到收集实时教学效果数据和提升学生学习积极性的目的。

交互式教学的本质在于通过教师在课堂上组织互动，使得教学过程围绕学生这个中心来进行，让学生参与到教学过程中，并根据学生的反馈，实时调节课堂节奏和内容。课堂互动的方式多种多样,主要可以归纳为以下3类。

(1)问题回答。紧跟课程内容的针对性提问,一般不复杂,且有标准答案,可一人或多人回答,占用课堂时间少,可以随时插入到讲授过程中,教师可以通过学生参与回答的积极性和回答的正确性,实时判断相关课程内容的教学效果,并对应调整教学进度和方式。

(2)分组研讨。需要教师提前预设问题及场景,一般无标准答案,给予学生课下查找资料和小组讨论归纳的时间,通常要占用整节甚至多节课堂时间,由学生来分组讲述他们的小组研讨结果,并在小组之间开展问答和辩论,由教师进行点评,适合学生运用已学知识和网络搜索能力,锻炼自学和思辨能力,并让他们真正感觉成为教学过程的"主导者"。

(3)课堂测试。教师准备好一些合适的题目,占用课堂部分时间进行全部学生的答题测试,有标准答案,可以检测全部学生的课堂学习效果。

在以上传统交互教学的基础上,教师可引入信息技术手段,对教学方法进行改善。如在研讨之前,充分利用线上 MOOC 课程资源作为自学引导,可以提升学生查找资料和学习的效率;利用常用软件(如微信、QQ)的在线答题功能,教师就可以在学生提交完成后立即看见全体学生的答题结果,节约批改时间。

二、虚拟仿真教学法

随着电子计算机技术以及虚拟现实技术的迅速发展,虚拟仿真系统的应用越来越广泛。虚拟仿真,就是用一个系统模仿另一个真实系统的技术,实际上是一种可创建和体验虚拟世界的计算机系统。此种虚拟世界由计算机生成,可以是现实世界的再现,亦可以是构想中的世界,用户可借助视觉、听觉及触觉等多种传感通道与虚拟世界进行自然的交互。

在土地资源管理专业教学中,更为注重实践教学,而虚拟仿真系统的应用极大地解决了当前实践教学中,投入成本相对比较大、学习相对比较多、实践时间相对比较短、学习效率相对比较低等问题,让学生可以在实践中学习知识,提高了学生的学习效率,锻炼了学生的动手实践能力。

(1)土地利用规划与虚拟仿真技术结合。土地利用规划是土地资源管理专业的主干课之一,属应用性学科,其基本任务是应用现代规划理论与方法,分析区域土地利用的宏观、微观条件,预测土地供需状况,优化土地利用结构,使土地利用的综合效益达到最优。教师可以在教授理论知识的同时,通过引入虚拟仿真技术,使学生对于居民点用地内部规划、交通运输用地规划、基本农田保护区规划等内容有更清晰的理解和认识。

(2)土地复垦与整治与虚拟仿真技术结合。土地复垦与整治是从土地复垦的基本概念及其相关概念、土地复垦法规和采矿工业对环境的影响介绍入手,阐明土地复垦的研究对象。重点介绍土地复垦规划与设计原理与方法、土地复垦工程技术及生物复垦技术、矿区土地复垦技术经济评价方法、土地复垦方案编制方法。同时还介绍了土地复垦方案评审与验收方法及国外土地复垦的经验与方法。在土地复垦与整治的规划设计中,应用虚拟仿真技术,可以让学生更直观地认识土地复垦与整治中的各项工程设计以及技术方法,掌握复垦土壤的理化特性与生物复垦技术。

三、在线教学与在线资源库

(一) 在线教学课程

随着信息技术迅速发展,特别是从互联网全面进入移动时代,创造了跨时空的生活、工作和学习方式,使知识获取的方式发生了根本变化。教与学可以不受时间、空间和地点的限制,知识获取渠道灵活与多样化。特别是在 2020 年新冠肺炎疫情期间,大部分高校选择线上直播的方式进行授课(图 5-1)。但由于网络授课的诸多不便与限制,保证网络授课的效果实非易事。特别是课堂教学在授课过程中具有师生互动性,教师可以主导教学过程并对学生学习状态进行观察,管理教学秩序。此外,课堂教学可以通过反复强调、板书重点教学内容、案例、师生问答、随堂测试、小组讨论等多种方法来检查学生的学习效果。而在网络教学中,对于学生学习内容的把握、重难点的理解、学习进度的管理、知识掌握程度的检查等方面都存在不足。

图 5-1 抗击新冠肺炎疫情期间王占岐、周学武教授坚持网上直播本科教学

鉴于此,土地资源管理系省级教学团队在团队带头人王占岐教授的组织下,系主要负责人和任课老师完成了在线教学课程工作方案,优化在线教学方式,提升在线教学效果。首先,通过重组教学内容,在确保核心知识点讲授的同时适当减少对非难点、非重点方面的知识讲

解,并通过网络共享补充教学参考资料的说明,丰富课堂讲义的内容,便于学生线下复习和自主学习;其次,在教学过程中,要保持一定次数的互动,在适当的场景中,组织学生进行分组研讨。在网络流畅时,必须保持全员开视频并保持学生可视;在网络不畅时,允许学生全员关视频,老师需增加和学生互动的次数,如果学生多次不能及时响应,则应记入考勤未到;最后,上课时要开启同步视频录制,录下上课过程并分享给有需要的学生。通过全系教师的努力,不仅落实了疫情期间"停课不停学"的要求,圆满地完成了教学任务,也为日后在线教学课程建设积累了宝贵的经验。

(二)SPOC 在线资源库

SPOC(Small Private Online Course,小规模限制性在线课程)这个概念是由加州大学伯克利分校的阿曼德·福克斯教授最早提出和使用的。SPOC 平台实现了在线教学平台和移动课堂的融合,打造课前课中课后的所有教学活动,通过技术将课堂教学与线上活动有机结合起来,改变重组教学流程,变革教学模式,最终提高教学质量。对于学习者而言,由于 SPOC 模式注重对每位学生的培养,给每位学生公平的学习机会,能够保障每个学生的学习成效。对于授课者而言,混合教学模式不仅可以重新定义课堂,重构学习模式,还可以优化备课方案,推动教学改革。

土地资源管理系基于 SPOC 理念与平台,建立了土地资源管理系辅助学习网站(图 5-2),为土地资源管理专业人才培养提供教学资源支持,解决教学课程讲义、学习资料的共享以及知识点评测方面的问题,方便学生课前预习与课后复习,教师也可以通过土地资源管理系辅助学习网站,布置课堂测验和课后作业,要求学生课后在规定时间内线上完成并提交,进一步巩固所学的知识(图 5-3)。

图 5-2 土地资源管理系辅助学习网站首页截图

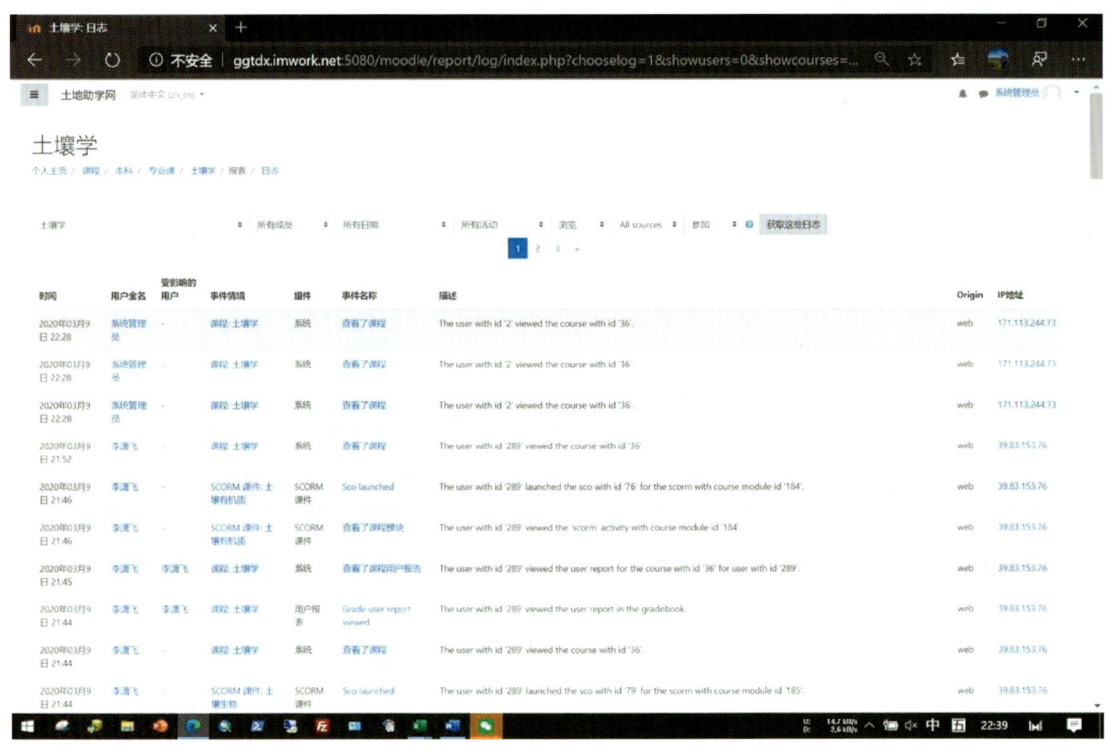

图 5-3　土壤学课程在线资源库截图

第四节　结合习近平生态文明思想的专业课程优化

一、习近平生态文明思想的内核

(一) 绿水青山就是金山银山

党的十八大首次提出了"五位一体"的整体布局,生态文明建设成为国家治理工作的战略布局,习近平总书记在党的十九大报告中提出要始终践行"绿水青山就是金山银山"的理念,随后提出"良好生态环境是最普惠的民生福祉""人与自然和谐共生"等一系列生态文明建设实践的新论断和新思想,成为新时代中国特色社会主义生态文明建设的思想和基本方略。

改革开放以来,中国经历了快速的工业化和城镇化,综合国力和影响力实现了历史性的跨越。但是在这个过程中,不可避免地牺牲了一部分生态环境,导致经济社会发展与自然资源可持续利用、生态环境保护之间的矛盾越来越大,为了实现中华民族的伟大复兴,习近平总书记提出新时期的经济社会发展既要金山银山也要绿水青山的"两山"理论,其核心思路在于实现经济社会和自然资源利用的协调可持续发展。

(二)人与自然是生命共同体

习近平总书记认为人作为自然的重要组成部分,与自然是一种共存共生的关系。习近平总书记明确提出"人因自然而生,人与自然是一种共生的关系。"其核心思路之一在于保护生态环境,认为保护生态环境就是保护人类,基于此,习近平总书记强调:"要加快构建生态功能保障基线、环境质量安全底线、自然资源利用上线三大红线。"十分强调生态环境保护过程中的底线思维。

此外,要加强生态环境的治理,习近平总书记认为逐渐恢复生态环境系统的功能或原貌,维持中华民族的永续发展是当前亟待解决的社会问题。应加大对生态环境问题的治理,通过不断改善生态环境来扭转过去我国快速发展中积累下的生态环境问题,满足人民群众对良好生态环境的需要。

二、专业课程设计及优化

(一)专业理论课程优化

新的历史时期,以习近平生态文明思想为指导,新一轮的国务院机构改革组建了自然资源部,自然资源管理迎来了大一统的时代,土地资源管理作为自然资源管理的核心内容之一,不仅其理论体系、方法体系和技术体系需要不断创新,着力培养服务于自然资源管理的专业化人才队伍也是重中之重。基于此,我校土地资源管理专业在依托我校地学优势培养技术能力一流的专业人才的过程中,及时调整了专业课程设置,主要新增加了农田水利学、土地整理学、环境影响评价、土地复垦学、土地退化与防治技术、土地利用工程学、土地工程制图和土地生态学等课程(表5-3),一方面满足高标准基本农田建设等农田水利专业人才的需求,另一方面提升学生关于生态建设方面的专业知识培养水平,以适应新时期土地资源管理专业人才对新理论、新知识和新方法的需求。

表5-3 新增加课程信息表

课程名称	课程总学时	课程周学时	授课教师	授课学期
农田水利学	48	4	姚小薇	5
土地整理学	48	4	龚健、刘志玲	5
环境影响评价	32	4	刘伟、邓祥征	5
土地复垦学	48	4	周学武	5
土地退化与防治技术	32	4	向敬伟	6
土地利用工程学	48	3	柴季	7
土地工程制图	32	2	汪樱	6
土地生态学	32	2	李士成	5

此外,积极探索新的教学模式,提升教学的效率和水平。推广小班化教学、混合式教学;推进虚拟仿真实验教学及智慧教室建设;采用国外优秀教学视频辅助课堂教学,推行线上线下相结合的教学模式;聘请知名学者、教学名师为本科生授课;探索"订单式"人才培养机制;围绕"以学生发展为中心,以成果为导向,质量持续改进"的目标推进工程教育专业认证。

(二)专业实践课程优化

开展"山水林田湖草"一体化的国土空间生态修复是新时期生态文明建设的重要内容,这就要求专业人才必须具备多学科的系统工程技术素养,既具备承担国土空间生态修复规划的能力,也具备开展国土空间综合整治、土地整理复垦、矿山地质环境恢复治理、海洋生态、海域海岸带和海岛修复等工作实施方案设计、变更或施工的能力。因此,我校土地资源管理专业对原有实践课程环节进行了优化。主要措施如下:加大对实习实践与创新创业的支持力度。支持学生早进教师课题组、早组科研实践团队;充分利用产学研基地,搭建教学与研究平台,支持学生自主学习与参与科研实践,参加国内外专业技能比赛。优化实验教学内容,以"兴趣牵引、问题导向、学生自主、教师指导"为指导思想,进一步完善教学实验室平台建设,推进设计型实验、创新型实验、学科竞赛性实验教学;积极推进与世界知名高校建立本科交流培养计划,逐步完善游学制,推动学分互认、学位互授等工作取得实质性进展。

第六章　土地资源管理专业人才培养实习实践模式

实习实践教学是本科教学的重要组成,是提高大学生动手能力的有效方式,更是锻炼大学生综合运用知识积累、培养创新能力的最佳途径。我校在创办和建设土地资源管理专业的过程中,走出一条特色发展道路,兼顾专业"文理兼收"的综合特征,突出其工科属性,更加强调实践和实习环节的重要性。事实上,专业建立起这样的发展道路有迹可循,一方面,作为以地球科学领域为特色的学校,实践探索是根,更是魂,以实习实践为重要手段的教育教学模式在我校各个专业的发展中均得到极大的传承和发扬;另一方面,自然资源领域国家重大需求,更加有赖于从宏观发展目标提炼出系列政策措施,并利用工程手段加以实现。两者叠加,对土地资源管理专业人才的土地评价与规划、土地整治、土地信息工程等方向的实践能力有了更高的要求。

基于此,我校土地资源管理专业经过多年实践探索,梳理大学生本科阶段学习所具备的实习实践资源与平台,总结了多路径的丰富大学生实习实践经历、提升实践创新能力的发展方式,形成了"课堂+基地"的教学实践模式、"课堂+竞赛"的竞争实践模式、"课堂+项目"的科研实践模式和"课堂+企业、行业部门"的产学研实践模式"四位一体"的高水平人才培养实习实践模式,对于巩固学生所学理论知识、提高综合素质、培养创新精神与实践能力起到了十分重要的作用。

第一节　"课堂+基地"的教学实践模式

"课堂+基地"的教学实践模式是在土壤学、土地资源学、普通地质学、遥感导论、城市规划学等专业课程的课堂讲授基础上,开展野外教学综合实习的重要教学实践过程。依托我校位于宜昌市秭归教学实习基地资源(图6-1),通过对野外地质地貌、土壤认知、土地利用现状调查、旅游地质公园规划、城市规划认知等内容,将普通地质学、土壤学、土地资源学、地理信息系统、遥感、城市规划学等课程中的理论知识带到现实场景中进行感知,甚至运用到实践探索中,从而巩固专业基础理论知识,培养学生动手探索和动手实践的能力。从纵向发展角度来看,我校土地资源管理专业野外教学实习内容的设置逐步扩展、完善,涉及课程更多,观摩对象更丰富,野外线路不断优化,土地调查标准与时俱进,学生自主涉及探索内容所占比重增加,实习安排的合理性和针对性不断提升,使得学生在实习过程中既能提升知识层面的认识,也能培养甚至是展示实践探索能力;纵向对比来看,国内具备如此基地及野外资源的学习少之又少,实习内容的丰度和层次在同类专业中无出其右,在这样的实习实践过程中,既能听到专业老师现场讲解的丰富内容,同时能汲取当地专家分享的宝贵专业及文化知识。

图 6-1　秭归实习基地全貌

一、教学实习实践的目的

在指导老师的带领下,通过对野外地质地貌、土壤、土地利用现状的调查和分析,以及对旅游地质公园规划、城市规划的认知,将普通地质学、土壤学、土地资源学、地理信息系统、遥感、城市规划学等课程中的理论知识运用到实践中。巩固本专业的基础理论知识,培养学生实践、组织和探索能力。

要求学生掌握土地利用现状调查、更新调查、变更调查的实际工作程序;掌握正射遥感影像图的纠正、镶嵌和标准分幅影像图的地类判读方法;利用 GIS 软件平台,建立实习区土地利用管理信息系统,完成面积统计和专题图的制作方法;分析调查区域土地利用现状的数量、质量及空间分布现状。

通过实习,要求学生掌握湖北省秭归县常见岩石类别;掌握由这些岩石发育来的土壤的基本特征;要求学生掌握实习区(黄壤、黄棕壤、棕壤、石灰土、紫色土、潮土、水稻土等)土壤各土类以及主要亚类、土层的剖面形态特征;要求学生学会野外挖掘、记载描绘土壤剖面的技术;要求学生了解土地复垦(土壤改良)、土壤肥水管理的技术关键等。

通过实习使学生了解实习区地形、地貌特征以及实习站的地理位置;了解基本地质概况及实习路线的分布;掌握罗盘仪的使用方法,利用罗盘确定东、西、南、北方位,并亲自动手测量面状构造产状;学会使用地形图和在地形图上定点的基本方法;熟悉和掌握野外地质调查研究中地质点的基本记录格式及素描图的基本要求。

通过实习使学生了解秭归新城的基本概况;认识城市的行政中心、商业中心;了解城市道路系统;了解秭归房地产和工业园的发展概况。通过城镇土地利用现状的调查,了解城镇土地利用状况,土地评价、规划的基本概念,为后续的专业课学习和研究奠定良好的基础。通过实习使学生了解旅游景区、地质公园的步道,游览设施布局和设置特点;了解秭归当地的风土人情、历史名胜,以此分析探索秭归旅游规划与发展的特色和重点。更为重要的是,通过小组自行设计、自行组织、合作分析问题和解决问题,强化了个人能力的锻炼和团队协作精神的培养,上述实习环节形成合力,为专业高水平人才培养奠定了扎实基础。

二、教学实习实践的内容

土地资源管理专业教学实习主要分为 3 个阶段,第一阶段为室内遥感图像解译,基于学生前期地理信息系统和遥感专业基础课程课间实习的经验,进一步强化其应用 GIS 和 RS 软件进行图像处理的能力,同时也是为野外农村土地资源调查和城市土地利用调查作准备;第二阶段为野外调查和认识实习,主要分为 5 个专题进行,依次为土地资源调查实习、土壤资源调查实习、旅游地质实习、城市土地利用认识和调查实习,每个专题都配备专业老师现场讲授相关知识、实地参观或分组深入实际调查;第三阶段为参观和调查成果整理,分为整理野薄、建立数据库、整饰成果图、撰写各专题调查报告、实习成果总结汇报等。每个阶段包括老师现场讲解、实习基地课堂授课、学生实际动手操作、当地专家协助介绍等实习方式,如图 6-2 所示。

(a)实习基地课堂讲授

(b)老师现场讲解

(c)专家协助介绍

(d)学生实际动手操作

图 6-2 秭归教学实习主要内容

理论知识结合实际加以运用；二是为大学生在步入社会前提供了一次重要的尝试机会，让大学生能够对社会生产实际有比较正确的认识；三是能使学生更好地实现自我正确定位，使他们找到自己与社会的合适匹配点、结合点和嵌入点，以便更好地选择自己感兴趣的职业，更快地认识和走近社会，更加快速高效地胜任社会工作。

因此，土地资源管理专业通过积极引导学生参与各项竞赛，将课堂教学与技能竞赛相结合，激发学生的学习兴趣、积极性，提高学生学习的主观能动性，对于培养学生的动手能力和创新精神具有十分重要的推动作用。具体来说，结合土地资源管理工科专业特色以及用人单位的实际需求，将课堂教学的理论知识与学生竞赛的实践能力融为一体，以竞赛为抓手，以提高参赛学生的专业技能、实践能力和创新意识为目标，从而实现高水平专业人才素质的全方位提升。本专业参与的具有代表性的3类竞赛分别是基础学科竞赛、专业技能竞赛和创新创业竞赛，将竞赛贯穿于学生大学本科阶段学习全过程，形成"课堂＋竞赛"的竞争实践教学模式。

一、基础学科竞赛

学科竞赛是培养大学生工程师素质最基础的竞赛单元，是关键的实践环节。为深入学习贯彻习近平总书记关于创新人才培养的系列重要讲话精神，认真落实全国教育大会部署要求，落实立德树人根本任务，发挥学科竞赛活动在教育教学改革和创新人才培养中的重要作用，本专业鼓励学生在基础课程学习中积极参与由教育部、湖北省教育厅、高等学校各专业教学指导委员会等各部门（组织）主办的全国大学生英语竞赛、全国大学生数学建模、湖北省普通高等学校大学生化学实验技能竞赛、湖北省大学生物理实验创新设计竞赛等学科竞赛。学生们积极参与，磨炼了基础实践与创新能力，夯实了专业基础，培养了团队合作精神，成为后续专业课程与实践的重要铺垫。

二、专业技能竞赛

专业技能竞赛是以提前适应用人单位对学生实践技能的需要为主线，以岗位练兵为前提，以考核专业知识和操作技能为重点，以促进学风、提高专业技能为目的而进行的竞赛。目前，全国范围内举办的土地资源管理专业大学生技能竞赛主要有全国大学生不动产估价技能大赛、全国大学生土地规划技能大赛、全国大学生土地国情调查大赛等，他们的基本情况如下所述。

（一）全国大学生不动产估价技能大赛

不动产估价作为土地资源管理专业的核心课程，始终面向社会经济发展的重大需求，注重估价实践技能的培养与创新。全国土地资源管理专业大学生不动产估价技能大赛正是以此为出发点，激励参赛选手多角度、多方面拓宽自己的知识面，通过参赛对手的竞争与交流，提升大学生的估价实践技能，培养大学生估价实践创新能力，满足新时期经济社会发展对估价人才的需求。

该大赛由教育部公共管理类教学指导委员会土地资源管理分委员会、全国高校土地资源管理院长(系主任)联席会主办,各相关高校承办。该大赛是以社会需求为出发点、以培养和提升大学生估价实践技能与创新能力为目标的全国性比赛,面向全国土地资源管理专业全日制在校生,着重考察大学生在不动产估价实务中深入调研待估对象、全面剖析价格影响因素、严谨设计估价思路、合理选择估价方法、规范撰写估价报告的能力及技能。

大赛作品的基本要求是根据实地调研情况制作不动产估价报告及调研视频各一份,相关作品参考《房地产估价规范》《城镇土地估价规程》《农用地估价过程》等相关文件和标准,进入最终决赛的小组将以答辩或者是应询的方式进行作品成果现场展示。

(二)全国大学生国土空间规划技能大赛

随着党中央、国务院对乡村振兴、生态文明建设等重大战略的制定与实施,以及自然资源部的组建,对土地利用规划、管理提出了更高的要求。研究国土空间规划体系的构建与完善,探索主体功能区规划、土地利用规划、城乡规划与生态规划等"多规合一"的实施路径,是完善我国规划体系,强化规划引导与约束的核心内容。

依托全国土地调查和国土资源"一张图"工程,我国已经建立起强大、完善的土地资源基础数据库,国土大数据的蓬勃发展,也为科学的规划编制提供了良好的数据与技术基础。我国经过三轮土地利用总体规划的长期实践,已经形成了相对完善的土地利用规划体系,为国民经济发展提供了强有力的土地支撑,但村域尺度的土地利用规划仍亟待探索与完善。

为深入剖析国家乡村振兴与生态文明战略实施的内在需求,探索村土地利用规划编制方面可供推广的先进理论、方法与技术工具,教育部教学指导委员会联合中国土地学会土地规划分会,特举办全国大学生国土空间规划技能大赛。大赛以探索土地规划理论、提升规划实践技能和展示国土空间规划方案为核心,旨在激励参赛大学生全方位拓宽知识面,理论联系实际,全面提升规划实践技能。

(三)全国大学生土地国情调查大赛

开展调查研究、摸清土地国情、揭示土地开发利用规律,是实现土地可持续利用、协调人地关系、不断改善人民福祉的重要基础。为提升全国高校土地学科及相关专业在校大学生对土地国情的科学认知,加强对土地国情乃至国家自然资源安全相关问题的理解并提高实践能力,促进大学生之间相互联系与交流,提高大学生在知识运用、科学研究和团队协作等方面的综合能力,故由教育部高校公共管理类专业教学指导委员会主办,中国土地学会土地经济分会、科普工作委员会、各相关高校共同承办,组织开展全国大学生土地国情调查大赛,截至目前已办赛两届。

前两届大赛分别以"土地制度改革与城乡发展转型""土地政策创新与高质量发展"为主题,面向全国土地资源管理及相关专业在校大学生举办,旨在鼓励土地学科或相关专业在校大学生,在乡村振兴战略、新型城镇化发展战略的引领下,以深入了解当前我国正在推进的农村土地制度改革为主线,运用相关理论、知识和方法,对各地的改革探索及其影响进行调研和分析研究,在此基础上形成调查研究成果并进行展示和阐释,以提高土地学科及相关专业大学生的基本技能、专业素养与创新能力,提高团队合作意识,促进学术交流,培养爱国和恋土中,亲自动手进行国土空间规划的实际操作,参与规划文本、图件与数据库的编制,一方面能够强化学生在课堂上学到的规划理论知识,另一方面也能够提升其规划实践操作技能。

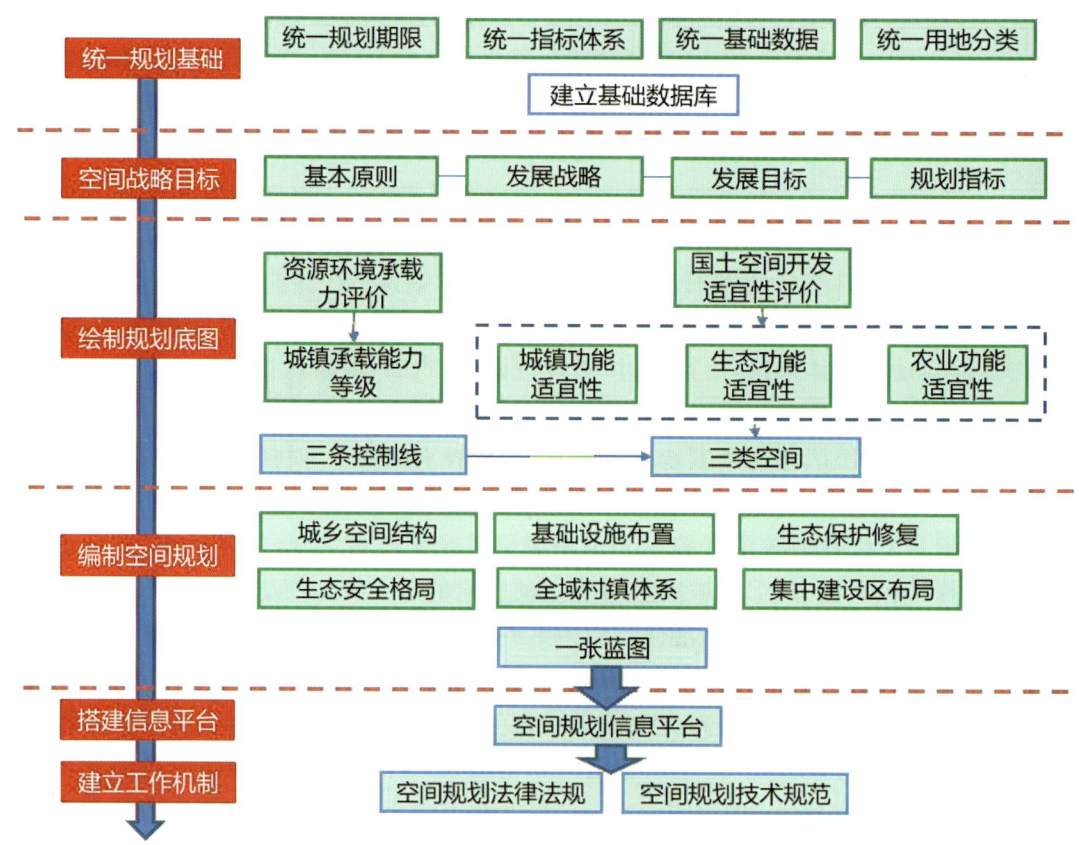

图6-3 国土空间规划编制技术路线

近年来,土地资源管理专业多位教师分别承担了市县级国土空间总体规划编制、土地利用总体规划修编及调整、地质公园建设规划等几十项规划类科研项目。项目数据及经验作为教学案例已被纳入土地利用规划教学及课程实习、土地资源管理专业导论、土地资源学、土地管理学、城市规划原理等专业课程。科研成果教材《"多规合一":规划体系与规划制度之变》和《地质公园概论》分别于2016年、2012年由中国地质大学出版社出版,目前作为国土空间规划教学组教学辅导用书,以此为基础,为社会及高校输送了一批初具规划技能的本科毕业生。

二、土地经济与管理模块

土地经济与管理是土地科学领域的重要内容,也是土地资源管理专业的专业基础课、主干课和必修课。土地经济学是以土地利用中的生产力组织和土地所有、使用与管理中的生产关系及其调节为研究对象,系统介绍了土地权属转移及土地收益分配问题,包括土地市场、土地供求、地租、地价、土地金融、土地税收等重要的土地经济理论并从土地集约利用、规模利用、分区利用、计划利用、可持续利用等方面阐述了土地利用的基本经济原理,最后对土地制度进行介绍和剖析,包括对土地制度基本理论的阐述和中国现行土地所有制、使用制、管理体制的分析。土地管理学主要讲授土地管理的概念、特点、目的和意义,地籍管理、土地产权管理、土地利用管理、土地规划和计划管理、土地信息管理、土地法制管理等,重点为地籍、地权、地用和土地信息管理(图6-4)。

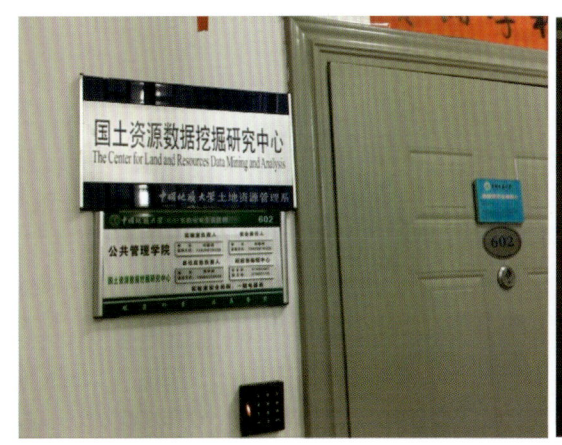

图6-4 国土资源数据挖掘研究中心

近年来,我校教师在该领域内承担国家、省部级以上科研项目14项,涵盖土地利用转型、历史土地覆被重建、地价演化研究、政策评估等方面。依托科研成果编写的教材《土地管理教程》于2017年由中国地质大学出版社出版,目前作为土地资源管理专业课教材,并被其他高校相关专业采用;科研成果已转化为土地科学发展趋势、土地经济学、土地管理学、不动产估价、土地法学、土地资源管理专业导论、资源、环境与可持续发展等课程案例,帮助本专业学生实现国家大学生创新创业项目、本科校级教学实验室开放基金成功立项各6项、大学生暑期实践项目完成5项。

三、土地调查与评价模块

土地调查与评价模块主要对应土地资源学课程。土地资源学是土地资源管理专业的专业主干课之一,主要研究土地类型的时空变化规律、调查和评价、区域生产潜力、合理开发与保护,是土地资源管理专业的专业必修课。通过该课程的学习实践,学生能了解土地资源调查和评价的基本概念、理论和方法,熟悉土地资源调查和评价的一般方法、程序、内容,能在野外识别和划分土地利用现状类型并且理解其含义,对GIS、RS、GPS技术在土地资源调查中的应用有所了解。重点是掌握土地利用现状调查规程,农用地分等、定级、估价规程;熟悉主要土地资源评价类型:生产潜力评价、土地适宜性评价、土地经济评价等(图6-5)。

图6-5 土地环境质量调查实践教学

近年来,土地专业教师先后承担了土地调查与评价领域项目共计数十项,涵盖用地绩效评价、土地质量评价、资源环境承载力评价、土地复垦、土地开发整理工程标准建设等。科研成果已转化为资源环境与可持续发展、土地科学发展趋势、土壤学、土地复垦与整治、土地资源学、土地生态学等课程案例,帮助本专业大学生开展国家大学生创新创业项目1项、本科校级教学实验室开放基金4项,支撑校级科技论文报告会项目数十项。

四、土地信息技术模块

土地信息技术为土地资源管理工作提供了观察、了解和解决土地问题的眼睛。其中,土地信息学是土地资源管理专业主干课程之一,也可作为自然地理与资源环境、人文地理与城乡规划等相关专业的选修课。该课程是集土地科学、计算机图形学、遥感、地理学等相关学科的一门新兴交叉学科,其任务主要是综合运用土地科学和信息科学分析和解决土地利用与管理过程中的问题。通过该课程的教学,能使学生较好掌握土地信息科学的基本概念、土地信息表达、传输、共享等基本理论知识以及土地信息处理和分析基本技能,了解土地信息系统的开发原理,熟练掌握土地信息系统的操作及实践应用。通过该课程的学习,使学生具备解决土地资源管理相关信息技术问题的专业知识与实践技能,培养学生进行土地信息学研究的思维能力,为其今后从事土地信息有关的研究和实践工作奠定良好基础。

近年来,我校教师在土地信息技术领域承担了国家、省部级以上科研项目5项,涵盖国土空间智能分区、城市视觉研究、无人机航测、土地数据库建库等方向。科研成果已转化为土地信息建模、无人机航测、土地信息学、土地数据处理、地理信息系统、遥感概论等课程案例,目前基于该方向知识和成果衍生出本科校级教学实验室开放基金6项、校级科技论文报告会项目5项。

第四节 "课堂+企业、行业部门"的产学研实践模式

产学研实践教学是高等学校实行产、学、研相结合的现代高等教育发展的趋势,也是我校土地资源管理系"卓越工程师"计划人才培养的主要平台。土地资源管理专业"卓越工程师"计划下培养的学生在其生产实习阶段或者"3+1"培养模式中,必须于大四学年参加导师的科研项目或者在产学研基地实习提升实践能力。目前土地专业产学研基地建设形成两种主要模式,即管理部门基地建设综合人才培养模式和企事业单位基地建设市场化人才培养模式。通过校企合作、学校与自然资源管理部门合作等形式,专业依托学校、学院两级平台,先后与中国土地勘测规划研究院、北京舜土规划顾问有限公司、惠州市国土资源局、长阳县国土资源局、宿州市国土资源局等10余家单位建立战略合作关系,挂牌成立产学研实践教学基地,在联合培养人才、共享科技资源等方面开展务实合作,为专业持续稳定推进高水平的教学科研工作提供优质平台(表6-1,图6-6、图6-7)。

第六章 土地资源管理专业人才培养实习实践模式

表 6-1 产学研实践基地设立及培养情况

基地名称	校外合作方	承担教学任务
"产学研"三结合基地	中国科学院地理科学与资源研究所、中国土地勘测规划院、武汉市土地督察局、青海省国土规划院、青海省土地统征整理中心、福建地矿测绘院、安徽省国土规划院、海南省国土规划院、竹山县国土资源局、惠州市国土资源局、北京舜土机构	教学、科研、生产实习
秭归教学基地	秭归县茅坪镇政府	教学实习
广东南方数码科技实习基地(挂牌)	广东南方数码科技有限公司	教学实习、生产实习
北京舜土机构"产学研"实习基地(挂牌)	北京舜土机构	教学实习、生产实习

图 6-6 部分产学研基地签约现场

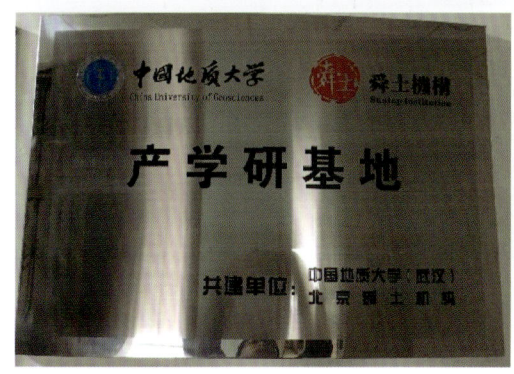 

图 6-7 部分实习基地牌匾

此外,土地专业依托项目资源、校友资源,分别在北京、广东、广西、福建、湖北、青海等多地,以建设培养基地、工作站等多种形式,开展联合项目研究、人才实习实践等工作,为学生外出进行项目锻炼、岗位实习、野外实践提供了基础平台。

专业学生通过行业部门了解岗位任务、岗位需求和专业技能需求,有利于其全面认识土地资源管理工作属性和内容,相应地找准个人发展方向,有针对性地提高自身实践实操能力;而通过进入企业实习,走进生产一线,了解管理、技术岗位工作属性,跟随技术骨干、业界前辈观摩学习,提升自我专业素养与综合能力,在学习研究中表现自己,建立起合作纽带,为后续就业提供便利。在这样的产学研实践模式下,学生增强了实践能力、企业获取了人力资源、专业提升了业界声誉,实现了"三赢"局面,尤其重要的是,形成了学生实践能力提升机遇与成就的良性循环,为高水平实践型人才的培养提供了强有力的支撑。

第七章　土地资源管理专业人才培养保障体系建设

结合国家战略目标和国民经济发展需求，发挥中国地质大学（武汉）地球科学相关专业特色与优势，以"卓越工程师"计划为核心，构建包括育人质量提升机制、教研能力完善机制、教学条件保障机制和人才质量反馈机制的"四位一体"人才培养保障体系，指导学生开展理论学习和实践训练，努力形成"培养目标明确、工科特色鲜明、实践环节丰富、实践基地完备、教学设备精良、师资结构优化、教学质量优秀"，具有显著示范效应的土地资源管理专业，着力培养专业基础扎实、实践能力强、综合素质高的复合型、创新型高水平土地管理人才。

第一节　育人质量提升机制建设

一、"卓越工程师"计划

（一）"卓越工程师"教育培养目标

"卓越工程师"教育培养计划是国家教育部贯彻落实《国家中长期教育改革和发展规划纲要（2010—2020年）》和《国家中长期人才发展规划纲要（2010—2020年）》的重大改革项目，该计划要求强化培养学生的工程能力和创新能力，面向工业界、面向世界、面向未来，培养造就创新能力强、适应经济社会发展需要的高质量专业工程技术人才。

相应地，土地资源管理专业"卓越工程师"计划人才培养目标为：培养德、智、体全面发展，具备地学、资源学、生态学、经济学、土地管理学及工程学等理论基础，掌握丰富的土地管理专业知识与熟练的土地评价与规划、土地整治、土地信息工程等方面的基本技能，具备一定人际交往能力和团队合作精神，能在国土、城建、规划、房地产、测绘、农业等部门及相关领域从事土地资源调查、土地规划、土地整治、土地评估及土地信息管理等工作的高级专门人才。

（二）土地"卓越工程师"计划培养对象

1. 突出国土资源特色，培养国土资源领域高级专门人才

近年来，我国国土资源领域面临重大改革，生态文明、深化改革等一系列重大国家战略的推进,国土资源行业发展迎来了新机遇,也产生了新挑战。自然资源开发、保护与修复,城镇化发展,耕地安全与生态环保,"三块地"改革与"三农"发展,房地产调控与土地利用效率提升等一系列问题的解决和完善亟待新思路、新方法,掌握国土资源管理的新理论、新技术、新方法,适应行业发展新需要的国土资源领域高级专门人才日趋紧缺。作为应对,我校土地资源管理专业的"卓越计划"应围绕国土资源行业需求,不断突出国土资源特色,强化国土资源领域高级专门人才培养。

2. 注重信息、工程技术运用,培养行业紧缺型实践人才

土地信息、工程技术是实现土地管理的工具和必要手段。目前,我国绝大多数高校土地资源管理专业的人才培养主要注重土地管理理论、政策法规等知识掌握,不够重视 3S 技术、空间规划、土地整治等工程技术的应用。为强化专业人才适应现代信息科学的发展趋势,土地资源管理专业"卓越计划"注重信息、工程技术集成运用,瞄准行业领域信息化管理、信息化辅助决策、工程技术实践需求,着力培养行业紧缺型高端实践人才。

3. 强化科研课题引领带动作用,培养复合型创新型人才

依托土地资源管理专业逐渐做强做大的科研项目库和科研实践平台,以专业高层次人才为核心,以教师科研团队为引领,带动学生参与导师的科研课题,使课程所学理论知识与科研项目需求实践紧密结合,注重培养学生的实际动手能力和创新意识,提升他们发现问题、分析问题和解决问题的综合素质,促进学生全面发展,最终培养出基础厚实、实践能力强、创新能力强的复合型专业人才。

(三)"卓越工程师"计划培养要求

土地资源管理专业"卓越工程师"计划要求学生具备较强的创新精神、实践能力和开阔的国际视野,系统掌握土地资源管理的基本理论、基础知识和基本技能与方法,具有较强的分析与解决问题的实践能力,具备土地资源调查、土地规划、土地整治、土地评估及土地信息管理等能力。人才培养的具体要求如下。

1. 知识要求

(1)应具备一定的人文、社会科学基础知识,以及经济和管理学的基本知识。
(2)应具有从事土地资源管理所需的相关数学、物理、化学、工程理论等自然科学知识。
(3)应掌握扎实的土壤、生态、测量、地籍管理、城市与区域规划、农田水利、房地产经营、遥感与地理信息系统等土地资源管理相关专业基础知识。
(4)应熟练掌握土地资源科学的基本理论知识,了解土地科学的研究现状和发展趋势。
(5)应熟悉土地资源管理及相关领域的方针、政策、法规和技术标准。

2. 能力要求

(1)应具有较强的组织管理、交流沟通、团队合作、环境适应能力,以及应对危机与突发事

第七章　土地资源管理专业人才培养保障体系建设

件的初步能力。

（2）应掌握文献检索、资料查询及运用现代信息技术获取相关信息的基本方法，具有不断学习和适应该领域科技发展的能力。

（3）应具有开展与土地资源管理有关的调查、实验、试验等的科研能力，以及一定的技术改进能力和创新创业意识。

（4）应具有应用基本理论和专业知识，进行土地利用实际问题综合分析的能力，掌握相关的工程实践、计算机应用的基本技能，具有应用本专业知识，进行土地调查与评价、土地规划与设计、土地整治、土地信息管理的能力。

（5）应扎实掌握专业英语基础和应用技能，具有熟练地用英语进行国际交流和表达的能力，以及在一定国际视野和跨文化环境下参与国际合作和竞争的初步能力。

3. 素质要求

（1）应具有强健的体魄、积极乐观的心态、吃苦耐劳的精神、较强的社会适应能力。

（2）应具有爱国敬业精神和社会责任感、良好的职业道德、坚定地追求卓越的态度，以及一定的人文科学素养。

（3）应具有良好的法律、伦理、质量、环保、安全、职业健康和社会服务意识。

（4）应具有责任意识、竞争意识和团队协作精神。

4. 学制要求

土地资源管理专业"卓越工程师"计划修业年限与授予学位学制四年，授予工学学士学位。最低毕业总学分要求为193个学分。

（四）"卓越工程师"计划课程体系特色

"卓越工程师"计划课程体系包括公共基础课（通识基础课＋学科基础课）、专业教育课（专业基础课＋专业主干课＋实践必修课）、专业拓展课（公共选修课）三大部分，涉及课堂教学、课堂实验、综合实习、生产实践等不同要求环节（表7-1）。

其中，核心课程包括：土地整治学、土地整治工程管理、土地利用规划设计、土地经济学、土地资源学、土地管理学、土地利用规划学、土地信息学、地籍测量、遥感概论、土壤学、土地数据处理与建模、土地工程制图等。

主要的实践性教学环节和主要专业实验包括地籍测量实习、土地资源调查实习、土地规划综合实习、土地整治野外综合实习、土地信息技术应用实习、土地基础教学实习、毕业实习等。

（五）"卓越工程师"计划教材建设

人才培养提升机制需要卓越的教学体系给予支撑，其中也离不开高水平的课程及教材供给。我校土地资源管理专业"卓越工程师"计划十分注重教材建设与安排，主干课程均选用国内外一流、领域内具有相当影响力的高水平书籍作为专业教材，部分代表性教材如表7-2所示。

表 7-1　土地资源管理专业"卓越工程师"计划课程体系

课程类别		课程名称	学分	学时
通识基础课	必修	马克思主义基本原理	3	48
		毛泽东思想与中国特色社会主义理论体系概论	4	64
		中国近现代史纲要	2	32
		思想道德修养与法律基础	3	48
		体育	4	144
		大学英语	12	192
		C语言程序设计	2.5	40
		土地资源管理专业导论	1	16
		军事理论	2	32
	选修	总计12学分，含创新创业选修课学分，跨学科选修课不低于6学分。"形势与政策"课程作为限选课由马克思主义学院实施	12	192
		小计	45.5	808
学科基础课		高等数学 B	10	160
		大学物理 C	6	96
		物理实验 B	2	32
		大学化学 A	8	128
		线性代数 C	2	32
		概率论与数理统计 B	2.5	40
		地球科学概论	2	32
		测量学 A	2.5	40
		运筹学	3	48
		数据库原理 A	3	48
		土地工程制图	3	48
		空间统计学	2.5	40
		小计	46.5	744
专业主干课		地籍测量	3.5	56
		遥感概论	3	48
		地理信息系统	3	48
		土地资源学	3	48
		土壤学	3	48

第七章 土地资源管理专业人才培养保障体系建设

续表 7-1

课程类别	课程名称	学分	学时
专业主干课	土地数据处理与建模	2.5	40
	土地信息学	3	48
	土地利用规划学	3	48
	土地经济学	2.5	40
	土地管理学	2.5	40
	土地整治学	3	48
	土地整治工程管理	2	32
	土地利用规划设计	2.5	40
	土地生态学	2.5	40
	土地法学	2	32
	土地督察理论与实践	2	32
	小计	43	688
专业选修课	具体见专业选修课列表	12.5	200
	小计	147.5	2440
实践环节	军事训练	2	2周
	C语言课程设计B	1.5	1.5周
	测量教学实习A	1	1周
	地籍测量实习	1	1周
	土地资源调查实习	1	1周
	土地基础教学实习	6	6周
	土地规划综合实习	6	6周
	土地整治野外综合实习	2	2周
	土地信息技术应用实习	3	3周
	毕业实习	8	8周
	毕业论文（设计）	9	9周
	小计	40.5	40.5周
创新创业学习学分	社会调查	2	
	其他（学科竞赛、发明创造、科研报告）	3	
	小计	5	0
	总计	193	2440＋40.5周

续表 7-1

课程类别	课程名称	学分	学时
专业选修课	城市规划原理	3	48
	区域规划与分析	2.5	40
	土地科学发展趋势	1.5	24
	土地资源调查技术方法	2	32
	空间数据分析原理	2.5	40
	地理信息系统二次开发	3	48
	景观生态学	3	48
	资源、环境与可持续发展	2	32
	环境与资源经济学	2	32
	资产评估	2	32
	房地产开发与管理	2	32

表 7-2 土地资源管理专业课程教材使用情况

课程名称	教材名称	出版社	编者	教材类型
土地利用规划学	土地利用规划学	北京师范大学出版社	王万茂　韩桐魁	国家级规划教材
土地资源学	土地资源学	中国农业出版社	王秋兵	国家级规划教材
土地资源调查技术方法	土地资源调查与评价	中国农业出版社	吴次芳	国家级规划教材
土地经济学	土地经济学	中国人民大学出版社	毕宝德	国家级规划教材
地理信息系统	地理信息系统原理、方法和应用	科学出版社	邬伦	国家级规划教材
房地产估价	房地产估价——理论与实务	复旦大学出版社	卢新海	国家级规划教材
土地管理学	土地管理学总论	中国农业出版社	陆红生	国家级规划教材
土壤学	土壤学	中国农业出版社	黄昌勇	国家级规划教材
资产评估	资产评估	武汉大学出版社	唐建新	国家级规划教材

此外,专业注重发挥高层次人才的引领作用,以他们为核心自编、自著教材作为特色课程主要学习资料,发挥专项计划育人优势和亮点。

二、专业课程质量保障体系建设

(一)主要举措

以学风建设为抓手,促进教学质量提升。定期组织学风教育讲座,制定学术道德行为规范及相应处罚办法;强化班主任对于学生引导与监督职责,加强本科生职业规划教育,帮助学生树立正确的专业思想和择业观。

以过程管理为核心,强化教学质量要求。细化教学过程管理,落实教学工作规范。建立教师本科教学档案,明确本科教学工作量及教学效果评价体系,并纳入高级职称评定标准;加强对课堂教学、实践教学的督查与过程管理,提升教学效果;优化课程成绩评价体系,合理"增负",全面考核学生对知识的掌握。

以教学反馈为依据,持续推进教学改革。通过教学研讨,落实教学反馈意见,完善课程教学内容和课堂教学方法。通过班会、用人单位反馈等多种形式收集学生及用人单位的诉求,优化教学内容与模式。持续开展教学观摩、学情分析、教学设计等备课活动,提升教师教学能力。奖励本科教学质量评价在学院排名前10%的教师,跟踪诫勉排名后5%的教师。

(二)主要成效

近年本科生学风良好,教学质量优良,专业通过了国家本科专业评估。教学内容贴近行业发展趋势,与本科生就业升学需求结合紧密。本科就业率高,深受用人单位好评。教学效果优秀的教师数量持续上升,青年教师在教学岗位上崭露头角。

三、实践课程保障体系建设

实践教学是提高学生动手能力的有效方式,同时也是锻炼学生综合运用知识能力及培养创新能力的有效途径。与传统的土地资源管理专业不同,我校土地资源管理专业的人才培养更强调实践环节。目前,我校土地资源管理专业已建成了校内课程实习与野外实习基地、产学研基地相结合的教学实践模式。

(一)实验室实践教学建设

高水平、高质量的实验室是高校人才培养、科学研究工作的基础和保障。我校土地资源管理专业人才培养特别重视学生的教学实验环节,开设了大量的实验教学内容(表7-3),实验室建设取得显著成效。现已建成包含土地勘察实验分室、土壤重构实验分室和土地规划实验分室,以及数据挖掘与信息技术研究中心的土地工程实验室。

表 7-3 已开设的本科教学实验内容

实验课名称	开设内容	学时数	实验条件
土地基础教学实习	信息技术应用	8学时×14天/人	GIS及遥感应用软件、大幅面绘图仪、扫描仪、测距仪等
生产实习	生产实习相关内容	8学时×7天/人	GPS、GIS、遥感等专业软件，大幅面绘图仪、扫描仪等
土地资源学	土地资源调查与评价	10学时	GPS、遥感与GIS专业软件，大幅面绘图仪、扫描仪等
土壤学	土壤样本采集与理化性质分析	10学时	土壤样本采集、分析测试仪器
土地数据处理	数据挖掘方法与信息提取	28学时	GIS和专业数据统计分析软件
土地信息系统	土地信息系统应用	24学时	GIS/LIS软件
土地规划学	土地整治方案设计	24学时	CAD软件、统计分析软件
房地产估价	房地产案例评估	10学时	GIS、统计分析软件
土地经济学	宗地评估	10学时	GIS、统计分析软件
专业课程设计	土地规划、价值评估方法与GIS开发应用	8学时×25天/人	GIS、RS、CAD软件，程序设计软件(C)、GPS、数据采集软件
毕业论文（设计）	论文资料数据采集、处理与分析	8学时×14天/人	

（二）野外实践教学建设

我校土地资源管理专业建设的野外实践教学依托于中国地质大学（武汉）与秭归县人民政府共建的秭归产学研基地。实践教学包括农村土地调查、城市土地利用调查、土壤资源调查、旅游地质认知实习等专题内容。教学共分为3个阶段：第一阶段为室内遥感图像解译，基于学生前期地理信息系统和遥感专业基础课程课间实习的经验，进一步强化其应用GIS和RS软件进行图像处理的能力，同时也是为野外农村土地资源调查和城市土地利用调查作准备；第二阶段为野外调查和认识实习，主要分为5个专题进行，依次为农村土地调查、城市土地利用调查、城市规划与房地产开发、基础地质及其遗迹保护与开发，以及土壤资源调查和改良，每个专题都配备专业老师现场讲授相关知识、进行实地参观或分组深入实际调查；第三阶段为参观和调查成果整理，分为野簿整理、建立数据库、整饰成果图、撰写各专题调查报告、实习成果总结汇报等。每个阶段包括老师现场讲解、实习基地课堂授课、学生实际动手操作、当地专家协助介绍等实习方式。从近几年的实践看，我校土地资源管理专业野外教学实习内容的设置已逐步显示出其合理性和针对性。学生在实习的同时，既能提升知识层面的认识，也能培养实践动手能力;既能听到老师现场讲解的丰富内容,同时也能对当地相关专家授课留下深刻印象;更为重要的是小组调查过程中有自行设计问题、分析问题和解决问题能力的锻炼和团队协作精神的培养,这些都为专业高级人才培养奠定了良好基础。

同时,根据土地资源管理专业人才培养要求,围绕我国土地管理工作关注的重点问题,基于土地评价与规划、土地整治和土地信息工程等3个方面的新理论、新技术和新方法,深入开展了土地整治项目区、土地利用规划片区的野外调研和土地信息工程相关野外技能的实践调研。其中,项目组成员分别赴咸宁、鄂州、天门、荆门、宜昌等地从项目选址、项目测绘、可研、立项、规划设计与预算编制、招投标、工程实施、工程复核、竣工验收等方面考察、调研了30余个土地整治项目(图7-1);赴丹江口库区开展土地质量状况调查评价项目片区调研(图7-2);同时开展了多项土地利用调查技术方法和土地利用信息工程技术方法野外工作调研等(图7-3~图7-7)。

图7-1 王占岐教授实践团队赴咸宁、鄂州、天门、荆门、宜昌等地野外考察30余个土地整治项目区(2015年10月、12月)

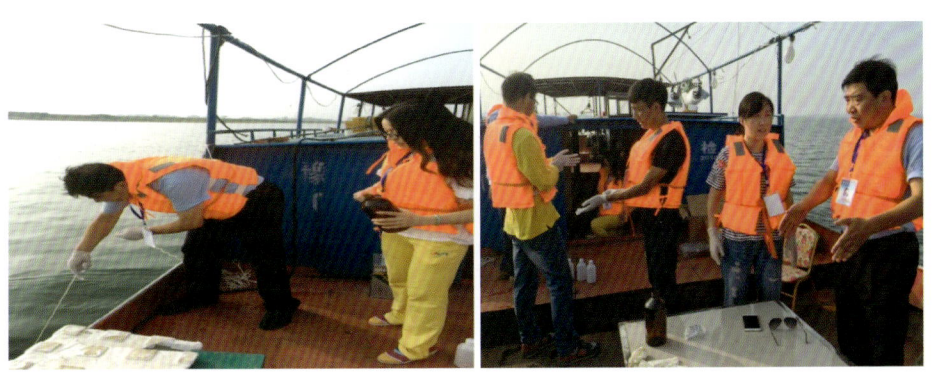

图7-2 学生赴丹江口库区调研土地质量状况调查评价项目区

(三)学术创新基地建设

土地资源管理系积极申报建设土地利用监测与空间优化研究基地。该基地主要围绕国际土地科学计划重大问题,面向国家土地资源管理战略目标,聚焦国家土地资源评价监测与利用关键技术,开展多学科交叉研究和协同创新,促进土地评价、规划和监测等方法技术的发展,为土地管理提供智力支持和技术创新。经过多年的发展,基地已建成为具有国际视野的土地科学领域高水平科学研究、优秀人才培养、学术交流的重要基地,同时也为"卓越工程师"计划的学生进行土地评价与规划、土地整治、土地信息工程等方面的学习和科研工作提供了坚实的基础和平台(图7-8)。

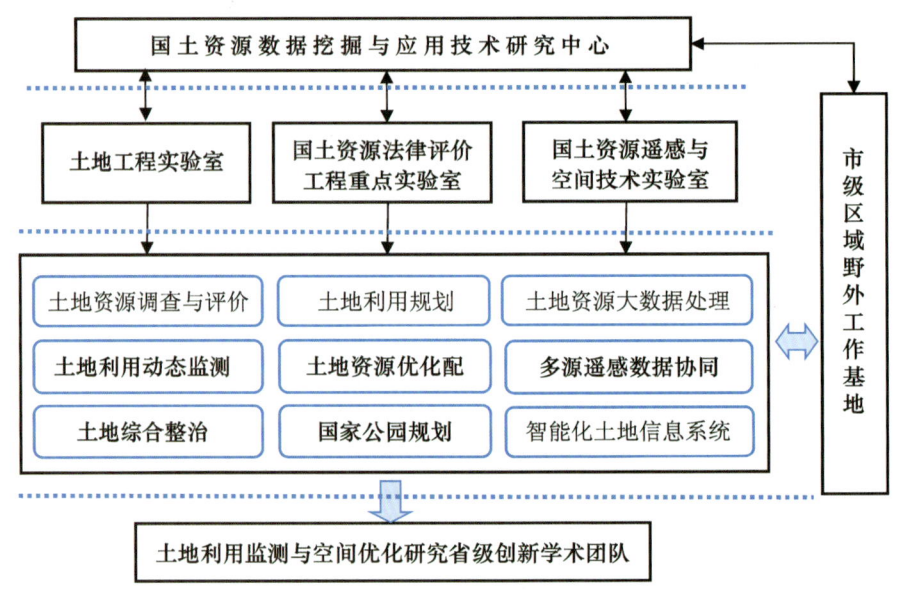

图 7-8 基地建设框架图

四、加强思想政治教育建设

专业积极落实学校顶层设计,全面推进"课程思政"建设。依托学院成立的思政工作专班,探索制定《课程思政建设实施方案》,落实地大"思政50条""立德树人60条",着力推进思政工作体系创新。在"五大体系"指引下,开展专题党课教育、国土安全教育和课程思政教学方法培训,推进思政队伍建设,提升教师课程思政教学能力;通过教学改革与科研实践挖掘思政元素,推动专业课与思政教育的融合,加强思政教育的亲和力与针对性,实现了社会主义核心价值观的引领作用。

聚焦"七个融合",落实"三全育人"体系要求。坚持"七个有力"标准,深入开展"不忘初心、牢记使命""新思想·新征程""两学一做""学做创""奋斗的青春最美丽""科学道德与学风建设",以及学习温家宝《地质笔记》和"我的大学"讲座等系列主题教育,扎实推进基层党组织建设,守牢意识形态阵地。配备专职和兼职思政工作教师,落实教师与辅导员、本科生与研究生、思政课程与课程思政、学科交叉与科教融合、课堂教学与实践育人、管理与服务、校内与校外育人的有效衔接与融合,形成了"纵联横动"的学科全过程育人机制。

实施"六个推进",强化课程思政特色。推进统筹、推进融入、推进整合、推进执教、推进改革、推进特色,持续营造"育人为本,德育为先"教学文化,开设"地球科学大讲坛""美丽中国、宜居地球""生动中国""研究生名师讲堂"系列示范课程和活动,让课程思政和学科特色"同轴共转",传播"人与自然和谐共生"价值观。

践学"四条路线",厚植师生家国情怀。持续开展"学习之路"主题教育,围绕精心设计的中国革命之路、改革开放之路、现代化强国之路、习近平治国理政之路四条路线,每年派出师生队伍赴全国各地开展扶贫成效第三方评估、乡村振兴战略规划、红色"1+1"等社会实践活动,引导师生在实践中学"四史"、悟初心、践使命、勇担当。把周口店、北戴河、秭归等野外实践教学基地打造成实践育人"大熔炉",把课程开在祖国大地上,增强师生国情认识和价值认同。

依托"学科特色",深入贯彻习近平生态文明思想和关于教育的一系列重要论述。依托自然资源高效利用与环境经济政策、服务型政府建设与基层社会治理、农村产权制度改革与乡村振兴、国土空间规划与城乡土地优化配置、矿区生态系统修复、高等教育治理现代化等学科特色,夯实"社会主义土地公有制"的制度自信和文化自信,推进"生态文明思想"等习近平新时代中国特色社会主义思想进教材、进课堂、进头脑、进科研。

五、重视对外交往,提升"引智"能力

专业积极强化对外交往发展路径,邀请海内外知名高校的多位专家学者来我校讲学,介绍国外相关领域研究前沿,开展人才培养模式经验交流,商讨相关人才联合培养合作事宜等,不仅提升了育人平台整体水平,也丰富并开阔了学生的学习视野(表7-4)。

表7-4 近年来校外专家来我校讲学情况

序号	时间	主讲人	职称	单位	讲学内容
1	2016年7月	唐文武	教授	美国北卡罗来纳大学夏洛特分校	Cyberinfrastructure-enabled parallel spatio-temporal simulation: Big data and land change modelling
2	2017年3月	Lindsay Stringer	教授	英国利兹大学	土地退化、荒漠化与气候变化:预测、评估和适应未来的变化
3	2017年4月	欧名豪	教授	南京农业大学	土地节约集约利用,综合机制创新思考
4	2017年4月	王敬尧	教授	华中师范大学	关于农村治理的阶段性思考
5	2017年6月	卢海元	教授	国家人社部农村社会保险司	城乡居民基本养老保险制度创新和理论研究
6	2017年9月	邓祥征	研究员	中国科学院地理科学与资源研究所	科学应对气候变化的研究进展

续表 7-4

序号	时间	主讲人	职称	单位	讲学内容
7	2018 年 5 月	赵 歆	研究员	中国科学院地理科学与资源研究所	地理学论文写作与投稿规范
8	2018 年 6 月	王 乐	教授	纽约州立大学布法罗分校	基于时空大数据遥感研究全球气候变化下的物种入侵机制
9	2018 年 7 月	张传荣	教授	康涅狄格大学	Parcel-based urban land use classification in megacity using airborne LiDAR, high resolution orthoimagery, and Google Street View
10	2018 年 11 月	岳文泽	教授	浙江大学	Monitoring China's urban sprawl land use policy
11	2018 年 12 月	王法辉	教授	路易斯安那州立大学	城市研究问题 GIS 新解
12	2018 年 12 月	迟光清	教授	宾夕法尼亚州立大学	Environmental Migration: The implocations of climate change, demographic dynamics, globalization, and geopolitics

专业依托已取得的发展成绩及其在学科领域形成的知名度,帮助学校在相关领域成功组织了一系列在国内具有重要影响力的学术盛会。例如,2017 年 11 月 9 日,由我校主办、湖北经济学院协办的国家公园体制总体方案解读暨国家公园体制建设研讨会在我校召开,来自国家公园领域的相关政府部门领导、专家学者齐聚,研讨国家公园建设;2018 年 10 月,以"乡村振兴与自然资源管理"为主题的第十七届全国高校土地资源管理院长(系主任)联席会暨 2018 年中国土地科学论坛由我校本专业承办,有效搭建了推动我国土地科学与土地资源管理事业蓬勃发展的学术讨论大平台(表 7-5,图 7-9～图 7-17)。2021 年,以专业为主、依托学校平台,将承办第五届全国大学生不动产估价技能大赛、2021 年中国地理学会发展地理学学术年会等重要竞赛、会议。

表 7-5 近年来我校举办土地相关领域重要学术会议情况

序号	时间	会议主旨/名称
1	2017-9-23	湖北省公共管理研究会年会暨"治国理政新战略"学术研讨会
2	2017-11-9	国家公园体制总体方案解读暨国家公园体制建设研讨会
3	2017-11-11	中国地质大学(武汉)第三届青年学者学术年会暨第二届地学长江计划青年论坛
4	2018-10-13	第十七届全国高校土地资源管理院长(系主任)联席会暨 2018 年中国土地科学论坛

图 7-9　唐文武教授来校讲学

图 7-10　Lindsay Stringer 教授来校讲学

图 7-11　欧名豪教授来我校访学并做学术报告

图 7-12　王敬尧教授做学术报告

图 7-13　卢海元教授作客"公共管理讲坛",并做学术报告

图 7-14　国家公园体制总体方案解读暨国家公园体制建设研讨会在我校召开

图 7-15　邓祥征研究员等一行来我院进行学术访问,并做学术报告

业论文(设计)责令学生修改或重写,由学术评议组审议是否准予学生答辩;对重复率超过20%、不足30%的毕业论文(设计),由指导老师审定其合理性后方可参加答辩。学生毕业论文(设计)查重工作应于每年5月15日前完成,6月1日前根据二次查重结果完成学生答辩资格审议。

(5)答辩后学院会组织专家对已答辩学生的毕业论文(设计)进行抽查,将对论文评分与论文实际水平严重不符的导师和评阅人提出批评。

(6)每年下半年,教务处将对毕业论文(设计)进行抽查,并请专家对论文(设计)进行评价,对实际水平与成绩不符的论文,学校将给予通报。

(十)毕业论文(设计)材料归档及保存

(1)毕业论文(设计)资料应装入专用的资料袋中,内容包括毕业论文(设计)全文、指导老师签字的毕业论文(设计)"文本复制检测报告单"、毕业论文(设计)任务书、教师指导毕业论文(设计)情况登记表、导师评语、评阅人评语、毕业论文(设计)答辩记录及评定表等。

(2)毕业论文(设计)应于答辩后10日内交系统一保存。

(3)毕业论文(设计)答辩工作结束后,系统一将"中国地质大学(武汉)本科毕业论文(设计)情况登记表""中国地质大学(武汉)本科生毕业论文(设计)题目及成绩统计表"填写好交教务科。

(十一)对优秀毕业论文(设计)的奖励

(1)为鼓励优秀毕业论文(设计),对获得总评"优秀"的学生给予一定的物质奖励(小额实物奖励),并颁发奖状。

(2)对获得总评"优秀"毕业论文(设计)的指导老师,系匹配当年学科发展经费给予奖励性补贴。

第二节 师资教学能力机制建设

一、师德师风建设机制及做法

专业依托学校平台,加强思想引领,提升教师职业素养,按照校方要求,建立教师政治理论学习制度,以理论武装头脑;积极鼓励督促新入职教师参加岗前培训、青年教师思想政治交流活动,组织教学大赛,加强思政教育和职业素养;实施教师党支部书记"双带头人"培育工程,推进"两学一做"学习教育,做好"三会一课",发挥党建引领作用;积极参与构建荣誉体系,营造尊师氛围,开展各类优秀教育工作者奖项评选表彰,设立教师职业荣誉奖项,向从教多年教师及退休教师授予荣誉奖杯,增强教师荣誉感、使命感;举办"尊师"主题月系列活动,厚植校园师道文化;全面落实并加强教师思想政治建设工作,利用系教师党支部平台,实现习近平新时代中国特色社会主义思想系统化、常态化学习,通过学习研讨、教育培训、主题实践等活动,促进师德养成与提高。

专业依托学院平台,加强组织领导,强化责任落实,成立师德师风建设工作组,党政负责人任组长,全面统筹师德师风建设与督导工作;依托教师所在党支部,完善师德师风教育和巡查工作体系,确保教育部师德师风建设相关规范的落实;完善制度体系,细化管理机制,落实《教育部关于建立健全高校师德建设长效机制的意见》,遵循顶层设计;制定《教师职业行为十项准则》《教师职业道德规范》等,划定高线底线;制定并实施《师德考核实施办法》《师德失范行为处理实施细则》《师德"一票否决制"实施细则》等制度,建立师德考评、惩处、问责、协同工作机制。大力提升教师职业道德,将立德树人融入教育教学全过程,推进课程思政覆盖全部课程和全体教师,实现"三全育人";引导青年教师向名师学习,形成老带新、传帮带机制,持续完善师德师风先进典型的激励制度;将师德师风要求贯穿教师管理全过程,在教师招聘及人才引进过程中首要考察师德师风,在年终考核、职称评聘、科研和人才项目申请中实行师德问题一票否决制;充分发挥学术委员会、教职工代表大会等机构的监督作用,积极参与构建学校、家庭和社会等多方参与的监督体系。

二、强化师资队伍和基层教学组织建设

(一)基本要求

土地资源管理系不断强化师资队伍与教学能力,完善教师选聘要求,优化教师激励制度,促进师资队伍质量稳步提升。坚持师德师风一票否决制,强化教学质量评估在教师专业职务晋升中的作用;深化教学团队建设,通过传帮带培养青年教师;重视教学研讨,帮助教师掌握教学新方法;设立教学研究基金,开展教学竞赛等活动,激发教师教学热情。

同时,致力于优化课程体系与内容,不断推进和改善产学研一体化育人模式。根据专业培养方案要求,结合科研与实践需求,完善课程体系、教学内容;加强实践教学,整合产学研基地资源,提升"双师型"教师比例,推进跨专业、校企协同等人才培养模式不断向前发展;通过开办新专业——土地整治工程专业,形成专业发展、师资队伍、教学组织的快速辐射带动效应,快速形成师资力量,高效完成教学能力初步建设,有力促进了新专业整体快速发展。

(二)主要成效

经过20余年的发展,土地资源管理系形成了结构合理的教学人才梯队,教师中九成具有博士学位,七成具有出国经历;获批国家自然科学基金、国家社会科学基金,以及教育部人文社科基金10余项,其中国家社科基金重大项目1项,发表SCI/SSCI近百篇,其中ESI高被引论文数2篇,编写专著、教材10余部,专业年均横纵向科研项目30余项,科研经费年均近千万元(表7-6)。

表 7-6 土地系教师获批国家级科研项目情况

序号	项目来源	项目类型	项目（课题）名称	负责人
1	国家社会科学基金	重大项目	长江经济带耕地保护生态补偿机制构建与政策创新研究	胡守庚
2	国家自然科学基金	面上项目	新型城镇化背景下城市建设用地绩效评价及提升机制研究	王占岐
3	国家自然科学基金	面上项目	城市扩张过程与住宅地价变化互动机理研究	胡守庚
4	国家自然科学基金	面上项目	基于多尺度决策主体的半城市化地区空间结构演化研究：以武汉市为例	叶菁
5	国家自然科学基金	面上项目	基于人类足迹的中国国家级自然保护区保护成效评估	周学武
6	国家自然科学基金	面上项目	中心城市国土空间演化的社会生态风险识别与适应性治理	龚健
7	国家自然科学基金	青年项目	贫困地区耕地利用转型对经济发展的驱动机理研究	向敬伟
8	国家自然科学基金	青年项目	城市住宅用地转型过程及其增值效应互馈机制研究——以武汉市为例	杨剩富
9	国家自然科学基金	青年项目	基于街景与计算机视觉方法的城市建筑更新自动识别研究	刘成
10	国家自然科学基金	青年项目	人居环境质量导向下的城市扩张模式诊断研究：以武汉都市发展区为例	童陆亿
11	国家自然科学基金	青年项目	社会网络和农业环境政策交互影响下农户生计响应、生态环境效应与政策优化路径	汪樱
12	国家自然科学基金	青年项目	长江经济带城市土地利用绩效研究：结构功能、内在障碍及外部驱动	柴季
13	国家自然科学基金	青年项目	农村居民点居业功能协同演化机理研究	姚小薇
14	国家自然科学基金	青年项目	脱贫地区农村居民点减量发展潜力的精准挖掘与动态识别研究	徐枫

教师个人荣誉与社会兼职方面，王占岐教授获评"湖北省最美社科人""最受学生欢迎老师"，教学质量评价连续三年全校前10%；周学武教授获评"师德师风道德模范"。胡守庚教授入选自然资源部杰出青年科技人才计划，王占岐、方世明教授入选湖北省新世纪高层次人才，

王占岐教授、李江风教授、龚建教授、周学武教授、方世明教授入选第一届湖北省自然保护地专家委员会,李江风教授被聘为自然资源部首席科学传播专家,方世明教授入选联合国教科文组织"世界遗产与可持续旅游"中国试点项目资深研究专员等,胡守庚教授、方世明教授、杨剩富副教授获评国家扶贫开发工作成效第三方评估先进个人,殷跃建副教授获评校级"研究生良师益友"(表7-7)。

表7-7 教师主要学术兼职情况

姓名	学术兼职情况(现任/曾任)
王占岐	教育部高等学校公共管理类专业教学指导委员会委员
	湖北省土地学会副理事长
	湖北省新世纪高层次人才
	中国自然资源学会理事
	自然资源部学科建设专家组成员
	土地利用工程专委会副主任
	中国自然资源学会第五届土地资源研究专业委员会副主任
	《中国土地科学》编委
	浙江大学土地与国家发展研究院第一届学术委员会委员
	湖北省土地估价师协会理事兼发展规划委员会副主任
	湖北省土地开发整理专家组成员
李江风	湖北省人民政府特聘咨询专家
	自然资源部首席科学传播专家
	湖北省土地学会副理事长
胡守庚	国家社科基金重大项目首席专家
	自然资源部杰出青年科技人才
	自然资源部法治研究重点实验室主任
	湖北省有突出贡献中青年专家
	中国区域科学协会可持续发展专业委员会副主任
	中国城乡发展战略智库联盟副秘书长
	中国土地学会青年工作委员会副主任
	武汉市政府咨询委员会委员
	土地经济专业委员会委员
	中国自然资源学会土地资源研究委员会委员
	教育工作委员会委员
	湖北省土地学会理事兼副秘书长
	湖北省社会科学联合委员会委员

续表 7-7

姓名	学术兼职情况（现任/曾任）
龚健	中国自然学会国土空间规划委员会专委会委员
	中国农业工程学会土地利用工程专委会委员
	湖北省土地学会常务理事
方世明	联合国教科文组织世界地质公园评估专家
	联合国教科文组织"世界遗产与可持续旅游"中国试点项目资深研究专员
殷跃建	湖北房地产经济学会专家委员
杨剩富	中国自然资源学会资源经济研究专业委员会委员

此外，我校土地资源管理专业教师积极参与课程教材、学术专著的编写出版工作，将其作为提升教育教学能力的重要组成部分。近年来，共编写教材10余部，具体见表7-8。

表7-8 近年来专业教师出版教材、专著情况

序号	专著名称	作者	出版社	出版地	出版年份
1	地质公园概论	方世明,李江风	中国地质大学出版社有限责任公司	武汉	2012
2	大梁子湖低碳旅游经济研究	李江风等	中国地质大学出版社有限责任公司	武汉	2012
3	发挥优势学科人才培养的辐射作用 全面提高研究生的培养质量	王华,王占岐等	中国地质大学出版社有限责任公司	武汉	2012
4	中国国土资源调查评价需求形势与战略部署研究	李江风等	中国地质大学出版社有限责任公司	武汉	2014
5	西藏自治区土地开发整理工程建设标准研究	王占岐等	中国地质大学出版社有限责任公司	武汉	2015
6	"多规合一"：规划体系与规划制度之变	龚健等	中国地质大学出版社有限责任公司	武汉	2016
7	土地管理教程	李江风等	中国地质大学出版社有限责任公司	武汉	2017
8	城市住宅地价时空演变及影响因素研究	邹利林,王占岐等	经济日报出版社	北京	2017
9	恩施大峡谷的故事	李江风等	中国地质大学出版社有限责任公司	武汉	2017

续表 7-8

序号	专著名称	作者	出版社	出版地	出版年份
10	清江·地质·印象——长阳清江国家地质公园	李江风等	中国地质大学出版社有限责任公司	武汉	2018
11	广西大化七百弄国家地质公园高峰丛深洼地空间形态分布及其成因研究	方世明等	中国地质大学出版社有限责任公司	武汉	2018
12	土地复垦技术原理	周学武等	中国地质大学出版社有限责任公司	武汉	2020
13	边看边想——黄冈大别山地质公园博物馆背后的故事	李江风等	中国地质大学出版社有限责任公司	武汉	2020

专业教师积极开展专业教育教学领域研究，探索教育教学改革，丰富了"卓越工程师计划"的教学体系深度，获得了许多有价值的研究成果。近年来，共承担教育教学研究型改革项目 10 余项，发表教学论文 10 余篇，获得多项教学成果奖，具体见表 7-9～表 7-11。

表 7-9 近年来土地资源管理专业教学项目情况

序号	教师姓名	教学研究项目
1	王占岐	发挥优势学科人才培养的辐射作用，全面提高研究生的人才质量
2	王占岐	2016 年本科生教学改革工程项目：土地资源管理"卓越工程师"建设预研究
3	王占岐	省级教学研究立项：以土地资源管理特色学科促相关专业复合型创新人才培养研究与实践
4	李江风	以品牌专业建设为平台的土地资源人才培养模式与创新
5	周学武	"双一流"背景下土地学科研究生"DPF"培养模式研究
6	渠丽萍	"多规合一"背景下《土地利用规划》课程教学内容重构
7	刘伟	2012 年至 2014 年，主持一项校级教研项目（土地政策法规）
8	殷跃建	作为主要成员参加编写《秭归教学实习指导书（土地资源管理）》
9	叶菁	基于工科背景的土壤学教学改革，校级教学研究项目
10	叶菁	土地资源管理秭归教学实习建设，省级/校级教学研究项目
11	龚健	2014—2015 年，基于项目教学法的房地产估价课程设计及教学方法研究
12	周学武	2014—2016 年，主持编写"土地复垦理论与技术"校级十二五规划教材
13	胡守庚	土地资源管理专业信息类课程教学内容体系优化研究，2014 年湖北省教学研究项目

表 7-10 土地资源管理专业教学论文情况

序号	姓名	期刊名称	发表时间	论文题目
1	朱江洪,高燕,刘越岩	中国地质教育	2009 年	培养土地管理本科专业学生学术研究能力的探讨
2	渠丽萍,李江风,张丽琴,等	中国地质教育	2010 年	提高土地资源管理专业研究生培养质量的探索
3	渠丽萍,李江风	高教论坛	2012 年	土地资源管理专业研究生培养途径浅谈
4	叶菁,滕亚东,高燕,等	产业与科技论坛	2012 年	土地资源管理专业土壤学课程教学的探索
5	胡守庚,刘越岩,王占岐	教育教学论坛	2012 年	土地资源管理专业教学实习内容体系优化研究
6	方世明,李江风	中国地质教育	2012 年	土地资源管理专业实践教学体系研究
7	王占岐,王华,刘越岩,等	中国地质教育	2013 年	土地资源管理专业发展初探
8	刘志玲,李江风,方世明	中国地质大学学报（社会科学版）	2013 年	土地管理学课程教学方法探讨
9	叶菁,周学武,高燕,等	教育教学论坛	2013 年	土地资源管理专业教学实习探讨
10	胡守庚,李江风,王占岐	中国土地科学论坛	2013 年	基于工科背景下的土地资源管理本科人才培养模式改革与创新—以中国地质大学（武汉）为例
11	胡守庚,李江风,王占岐	中国地质教育	2013 年	发挥地矿类学校办学优势,培养具有地质环境背景的土地资源管理人才
12	方世明,李江风	中国地质教育	2013 年	秭归实践教学基地资源特色与土地资源管理专业实践教学
13	方世明,刘志玲	中国地质大学学报（社会科学版）	2013 年	我校土地资源管理专业实行本科导师制的思考
14	C.P.S.乔汉,刘伟	中国地质教育	2014 年	南亚区域合作联盟各成员国高等教育发展历程的简要回顾与展望
15	徐枫,王占岐,朱江洪	中国地质教育	2020 年	土地资源管理专业实践教学改革与创新路径探究
16	姚小薇,王占岐	教育教学论坛	2020 年	面向土地资源管理一流专业的土地经济学课程教学改革与创新

表 7-11 近年来土地资源管理专业教学获奖情况

序号	姓名	获奖时间	所获奖项	获奖项目
1	李江风	2013 年	湖北省高等学校教学成果奖一等奖	以品牌专业建设为平台的土地资源人才培养模式与创新
2	王占岐	2013 年	湖北省高等学校教学成果一等奖(排名第二)	发挥优势学科人才培养的辐射作用,全面提高研究生的人才质量
3	殷跃建	2014 年	中国地质大学(武汉)教学优秀奖	—
4	渠丽萍	2014 年	湖北省教学成果一等奖(排名第五)	以品牌专业建设为平台的土地资源人才培养模式与创新
5	胡守庚	2014 年	湖北省教学成果一等奖(排名第二)	以品牌专业建设为平台的土地资源人才培养模式与创新
6	胡守庚	2012 年	中国地质大学(武汉)青年教师讲课比赛一等奖	—
7	胡守庚	2012 年	中国地质大学(武汉)青年教师教学优秀奖	—

近年来,土地资源管理专业多位资深教师受邀在外讲学,讲学对象包括企事业单位专业技术人员、管理人员,兄弟院校科研技术人员、专任教师等,内容涵盖土地整治与复垦、土地评价与规划、城市规划与房地产经营、地质公园申报、旅游资源开发等领域(表 7-12,图 7-18)。

表 7-12 近年来我系教师校外讲学培训情况

序号	时间	地点	讲学内容	主讲人
1	2016 年 6 月	黄冈市国土资源局	大别山地质公园导游的地学基础	周学武
2	2016 年 7 月	湖北省国土资源厅	土地复垦方案评审要点	周学武
3	2017 年 4 月	黄冈市国土资源局	世界地质公园申报体系	李江风
4	2017 年 7 月	湖北省秭归县	矿山地质环境综合治理	周学武
5	2017 年 7 月	湖北省秭归县	土地复垦方案编制与验收标准	周学武
6	2017 年 10 月	贵州省有色金属和核工业地质勘查局	地质公园科普体系建设	周学武
7	2016 年 5 月	武汉市新洲区住房保障和房屋管理局	房地产调控政策解读	殷跃建
8	2016 年 10 月	武汉市规划局	洪山区大学之城建设的理论与实践	殷跃建
9	2017 年 4 月	中国建筑第三工程局有限公司	"海绵城市"开发与城市土地经营管理	殷跃建

续表 7-12

序号	时间	地点	讲学内容	主讲人
10	2017 年 10 月	牡丹江师范学院	走进镜泊湖—火山地质公园	李江风
11	2020 年 10 月	黄冈师范学院	世界地质公园优先关注的问题	李江风
12	2020 年 11 月	黄冈市委党校	世界地质公园对旅游品牌和旅游开发的促进作用	李江风

图 7-18　殷跃建老师在外讲学与接受相关媒体采访

第三节　教学条件保障机制建设

一、室内教学实践场所条件

近年来，土地资源管理专业新建设了土地规划实验分室、土地信息技术研究中心、土壤重构实验分室等一系列教学实践场所，进一步健全和完善了"卓越工程师计划"的教育教学条件（图 7-19～图 7-25）。

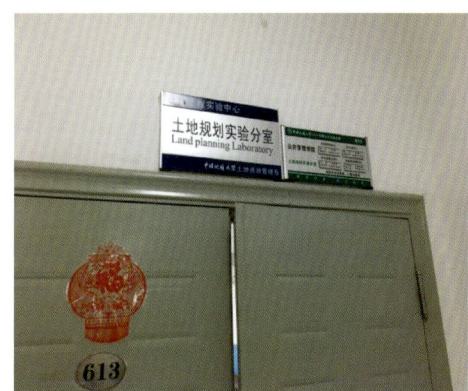

图 7-19　土地规划实验分室

图 7-20　土地信息技术研究中心

图 7-21　土壤重构实验分室

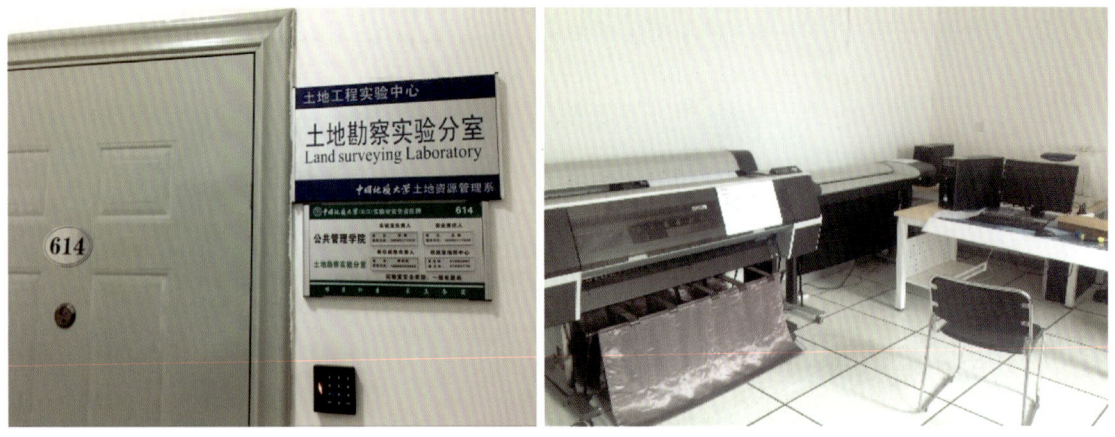

图 7-22　土地勘察实验分室

第七章　土地资源管理专业人才培养保障体系建设

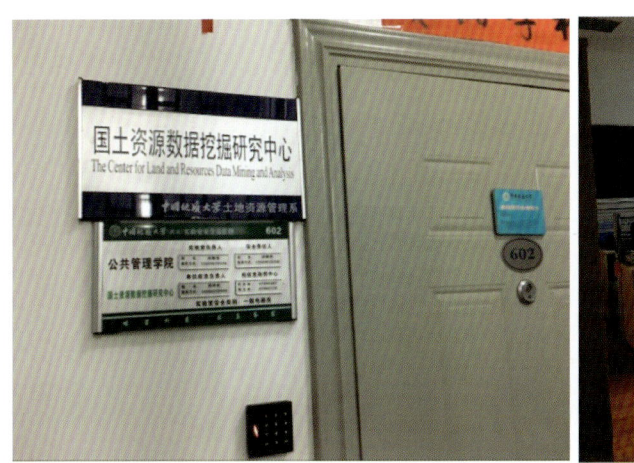

图 7-23　国土资源数据挖掘研究中心

图 7-24　自然资源部法治研究重点实验室（原国土资源部法律评价工程重点实验室）

图 7-25　中国自然资源学会中国地质大学（武汉）会员工作站

二、科学仪器及设备条件

土地工程实验室拥有科研用房4间,使用面积约150m²,主要设备包括高精度GPS系统(包括厘米级和亚米级GPS)、激光测距仪、对讲机;原子分光光度计、紫外可见光分光光度计、土壤水分速测仪、土壤养分测定仪、土壤硬度计、土壤张力计、定氮仪、分析天平;服务器、台式计算机、笔记本计算机、绘图仪、扫描仪、彩色打印机。拥有电信、教育双线网络,开水炉、会议室、网络用户管理系统等实验室科研、学习和生活配套设施。可运行主流GIS软件(ArcGIS、MapGIS、MapInfo)、遥感软件(ENVI、ERDAS)、数学计算软件(Matlab、SPSS)、绘图制图软件(AutoCAD、PhotoShop、CorelDraw)等专业软件。为保证仪器设备的正常运行,实验室设置了专职实验员进行日常管理。实验室设备使用率高,保证了土地资源管理系主要科研项目的顺利完成,为土地资源管理系师生提供了较好的科研工作条件。实验室具体的仪器、设备等情况见表7-13。

表7-13 部分教学实验室及其仪器设备情况

序号	分室名称	建立年份	地点	面积/m²	主要设备	主要实验项目
1	土地信息工程实验室	2000	文华楼601	87	扫描仪2台、HP打印机1台、A3打印机扫描仪各1台、A0扫描仪1台、B0绘图仪1台	土地数据发布实习 土地信息系统应用与设计实习 土地利用动态监测实习 地价评估实习
2	土地规划实验室	2008	文华楼613	50	微机46台、笔记本电脑2台	土地利用规划实习 农用地分等级实习
3	土壤重构实验室	2012	文华楼611	100	土壤分析筛(圆孔)1套、甲种比重计5套、温度计(200度)1支紫外可见分光光度计1台、原子吸收分光光度计1台、土壤水分速测仪1套、酸度计1套、土壤养分测定仪1台、土壤采样器1台、土壤硬度计1台、土壤张力计1台、定氮仪1台、不锈钢环刀1套、分析天平3台、蒙塞尔比色卡1套、中国土壤图籍1册	土壤理化性质测定 土壤肥力测定 土壤水分测定 土壤密度测定 土壤酸碱度测定 土壤野外采样实习 土壤复垦成分测定
4	土地勘察实验室	2012	文华楼614	100	GPS基站4套、亚米级手持GPS10个、对讲机10个	土地利用现状调查实习 RTK/RTD应用实习 城镇测量分析

此外,依托现有的土地工程实验室,积极改进教学实验平台,购置或接受社会捐赠了一批专业资料及实验仪器,包括便携式土壤原位pH仪,有机玻璃深水采样器,便携式重金属检测

仪,植物营养测定仪,抓斗式污泥(底泥)采样器等(图7-26～图7-33)。这些仪器的购置为土地资源管理专业人才培养提供了坚实的实验设备保障。

图 7-26　与广东南方数码科技股份有限公司共建实验室

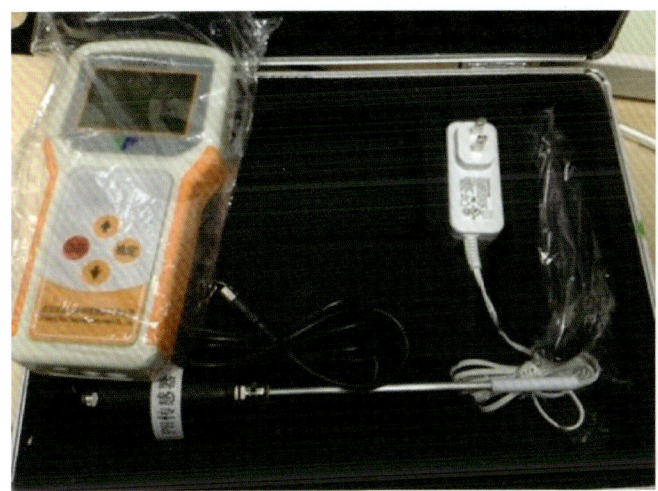 

图 7-27　便携式土壤原位 pH 仪　　　　图 7-28　有机玻璃深水采样器

 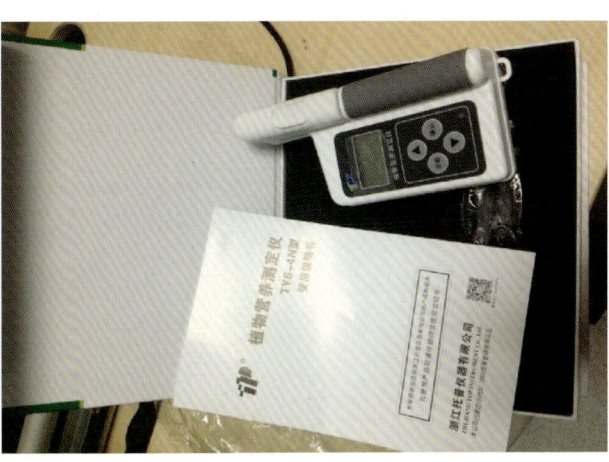

图 7-29　便携式重金属检测仪　　　　图 7-30　植物营养测定仪

图 7-31　抓斗式污泥（底泥）采样器

图 7-32　动力土壤采样器

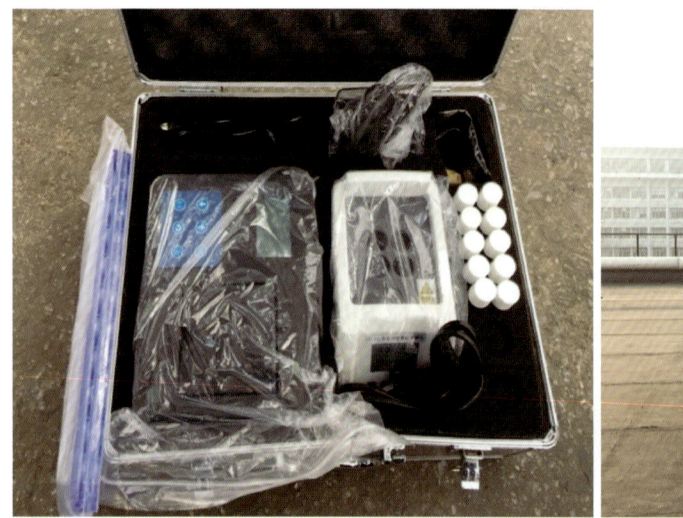

图 7-33　自动气象站

第四节 人才质量反馈机制建设

一、毕业生对教育教学的反馈机制构建

以目标导向的学院(课部)就业质量评估与年度报告制度为基础,建立包括专业教育教学满意度、任课教师/导师满意度、育人环境/科研条件的评价、就业创业服务工作的评价、专业满意度与推荐度的毕业生回访调查体系。从而基于反馈结果完善学业与职业生涯辅导、就业指导体系,加强就业工作信息化建设,逐步形成"全员参与、拓展市场、全程指导、精细服务、专业管理"的毕业生就业工作格局,努力实现毕业生更加充分、更高质量就业。

二、社会对毕业生培养质量的反馈机制

建立包括校友对当前工作满意度、校友对当前工作单位就业态度、校友离校后就职工作单位数量、校友对专业课程重要度与满足度、校友自我素质能力与工作岗位实际要求吻合度及校友认为在实际工作中需要加强的能力的校友反馈评价体系和用人单位对毕业生人才培养质量的整体满意度、用人单位对毕业生专业素养的整体评价、用人单位对毕业生职业素养的满意度及用人单位对毕业生心理素养的整体评价的用人单位评价反馈体系。周期性分析毕业生社会需求情况、岗位任职表现和职业发展状况,开展毕业生质量反馈结果的教学归因分析,增强人才培养改革工作的针对性。

三、人才质量基本概况

通过调查问卷及访谈等形式重点调查毕业生就业率、就业满意度、事业发展情况等,充分掌握了本专业毕业生的就业情况。经统计,应届本科毕业生就业率稳定在98%以上,就业满意度维持在90%以上;近3年应届本科毕业生出国或进入985高校深造比例约为17%;绝大部分毕业生在毕业两年后成为单位业务骨干,毕业10年后均已成长为单位中上层管理干部;随着毕业年限增长,毕业生对专业满意度进一步提高,专业对学生持续发展提升作用明显;通过对用人单位回访,普遍认为专业本科毕业生基础知识扎实,实践与学习能力强,吃苦耐劳,用人单位满意率达到100%。

部分毕业生在政界、商界、教育界等取得杰出成果:2001届校友杜新波任自然资源部人力资源开发中心人才评价处处长;2002届校友胡守庚为中国地质大学(武汉)教授、博导、国家精准扶贫工作成效第三方评估专家组成员、自然资源部杰出青年科技人才;2004届校友许祖学任西藏国土资源规划开发研究院综合业务科科长;2007届校友刘斌任广东南方数码股份有限公司武汉分公司总经理等。

第八章 土地资源管理专业人才培养模式成效

我校土地资源管理专业不断深化教学改革,采取了多项措施提高培养质量。一是依托学校地学底蕴,建设了一系列教学和科研实验平台,为国土资源研究、实践教学和产学研一体化提供保障和支持;二是对接"一带一路"倡议及生态文明建设、长江经济带、耕地保护等国家战略,注重培养学生在自然资源管理领域的知识基础和专业技能;三是重视自然资源技术应用,在国土空间规划、耕地质量评价与监测技术,以及土地整治等领域,培养了一批具备扎实实践动手能力、适应智能化、精细化管理需要的优秀复合型人才。

通过依托优势、面向需求的土地资源管理高水平人才培养创新与实践,我校土地资源管理专业人才培养取得了显著成效,主要包括以下方面。

土地资源管理专业人才政治素质过硬,思想积极向上,学生党建及思想引领工作成效卓著。近年来荣获湖北省"百生讲坛"铜牌团支部,获评市级先锋党支部、先锋团支部、优秀班集体多次,校级"五四红旗团支部"、研究生十佳党支部、先进学生党支部多次,本科生获评校级优秀共青团员近30人,研究生张鹏等人获得校级优秀学生共产党员荣誉称号,陈万旭、王一淞等学生获得校级优秀研究生标兵、十大标兵学生、学术卓越人才、五四红旗团支部标兵等荣誉称号,疫情期间,陈高强、马金亮等学生积极投身社区一线抗疫工作,多人获评"抗疫先进个人"。

土地资源管理专业人才素质优秀,学术能力突出。近3年国家大学生创新创业计划立项10项,获国家级奖学金近20人次,省级社会实践优秀团队1个,校级"先进班集体"3次,4人入选校级"英才工程"人才计划;学生在国内外核心期刊年均发表论文8~10篇;20余名优秀同学赴北京大学、浙江大学等知名学府攻读研究生;14名本科毕业生赴境外知名高校深造。

土地资源管理专业本科教学条件优化,国际合作持续加强。拥有多个专业实验室和产学研基地,为本科生提供了良好的实践教学环境;与纽约州立大学、美国北卡罗来纳大学、加州州立大学、加拿大约克大学等世界知名高校建立合作交流计划;与巴基斯坦拉合尔GCU共建"中马城市化发展研究中心",开展师生互派、互访等交流活动;出版了《土地管理教程》等多部教材;2019版人才培养方案获得了评审专家组高度肯定。

第一节 学生获奖形成新突破

一、专业技能竞赛获奖情况

(一) 规划类竞赛

在 2020 年第三届全国大学生国土空间规划技能大赛中,我校公共管理学院土地资源管理专业本科生殷瑞敏、向黎、罗全欣、孙嘉良获一等奖,王占岐教授获评"优秀指导教师"。殷瑞敏等人作品为《河南省南阳市镇平县遮山镇东魏营村村庄规划》,由王占岐、姚小薇、柴季、张红伟 4 位教师指导。该作品以国家乡村振兴与生态文明战略为目标,以创新村庄规划先进理论与技术方法为导向,立足东魏营村农业农村现代化发展,提出"生态宜居、文旅联动"的战略定位和"做精产业、做全生活、做美生态"的发展路径,助力美丽乡村建设。

在 2019 年第二届全国大学生土地利用规划技能大赛中,我校公共管理学院土地资源管理专业龚健、渠丽萍老师指导的作品《"多规合一"视角下的小庙村村级土地利用规划》(张木茜、周淋、刘宪玲、陈云洁)在 105 份作品的角逐中脱颖而出,荣获全国二等奖,如图 8-1 所示。此次大赛参赛人数和参赛作品创新高,共有 406 份作品进入初赛,经评审遴选出海峡两岸 56 所高校 105 份优秀作品进入了决赛。

图 8-1 全国大学生土地利用规划技能大赛获奖师生与颁奖嘉宾合影

（二）调查类竞赛

2019年第一届全国大学生土地国情调查大赛决赛在华南理工大学顺利举行。我校公共管理学院土地资源管理专业王占岐、姚小薇、柴季3位老师指导，土地资源管理专业本科生殷瑞敏、徐英峻、罗全欣、齐坤伟等同学组成的"追本溯源"团队完成的作品《基于农户视角的宅基地"三权分置"改革意愿及影响因素研究——以武汉市新洲区为例》成功晋级决赛，并荣获大赛三等奖，如图8-2所示。作品紧扣农村土地制度改革的热点问题，在暑期驻村调研的基础上，运用科学的分析方法，较深入地考察剖析了武汉市新洲区部分农户对宅基地有偿流转与退出的意愿，并结合实际情况，为当地政府设计了具有针对性的政策实施方案。

图8-2　全国大学生土地国情调查大赛获奖师生合影

（三）评价类竞赛

在2019年博文杯第三届全国大学生不动产估价技能大赛中，由我校公共管理学院土地资源管理专业龚健教授指导，土地资源管理专业本科生韩正康、欧嘉婵、管晨悦、刘沛辰团队的参赛作品位列其中。经过激烈角逐，首次参加此类大赛的我院代表队提交的作品《鄂州市梧桐湖新区东沟镇鲊州村〔2015〕010号集体经营性建设用地（工业用地）、〔2018〕016号集体经营性建设用地（居住用地）土地使用权价值评估》荣获三等奖，如图8-3所示。

图 8-3　全国大学生不动产估价技能大赛参赛师生合影

二、参加社会实践活动及获奖情况

(一)村土地利用规划志愿服务全国大学生暑期实践专项行动

为服务新时代农业农村发展和乡村振兴战略,引导青年大学生弘扬"奉献、友爱、互助、进步"的志愿服务精神,积极投身村规划志愿服务,共青团中央和自然资源部联合组织开展了2018年村土地利用规划志愿服务全国大学生暑期实践专项行动,全国共计75所高校的100支团队参与了此次活动。2019年5月30日,由中国土地学会、中国青年志愿者协会联合组织行业知名专家,结合成果完备程度、活动组织秩序、社会影响程度、成果应用价值、成果创新水平等因素,评选优秀实践团队、优秀实践成果。中国地质大学(武汉)公共管理学院龚健教授指导的"鄂州市小庙村志愿服务活动成果"荣获优秀实践成果一等奖,如图8-4所示。

团队于2018年5月份开始申报此次活动,前后深入小庙村调研4次,调研和访谈村民代表、各级干部300余人,调研活动持续了4个月,本次调研采用了问卷调查和结构式访谈的方法,先后调研了小庙村农户家庭基本情况、土地流转状况、生活及文化娱乐状况、村庄建设,以及规划意愿、村域闲置用地和经营性建设用地等内容。此次规划利用无人机测绘获取村庄遥感影像,将村庄社会调研与空间数据处理分析相结合,规划内容包括生态环境保护、村庄形象重塑、农村产业发展、村庄功能布局、乡村旅游和历史文化传承等,探索了"多规合一"村庄规划编制技术路线。将村民诉求与村域发展相结合,将村土地利用规划与乡村振兴、精准扶贫和生态保育等国家战略及政策相结合,制定了生态文明视角下乡村新产业布局和用地结构优化方案,构建了村土地利用规划实施的制度保障体系,探索以人为本、公众参与式村庄规划编制机制(图8-5)。

图8-4 鄂州市小庙村土地利用规划编制志愿服务团

 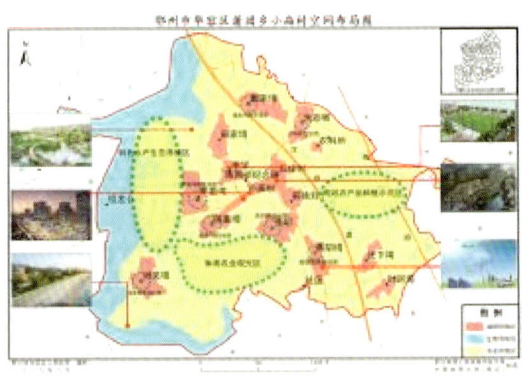

图8-5 团队与群众召开座谈交流会及小庙村庄规划布局

(二)暑期"三下乡"活动

为了积极响应国家大学生"三下乡"暑期社会实践的号召,结合专业特色和社会需求,引导青年大学生弘扬"奉献、友爱、互助、进步"的志愿者精神,积极投身于农村志愿服务,为新时期农业农村发展和社会主义新农村建设贡献力量,我校公共管理学院土地资源管理专业学子积极开展暑期"三下乡"实践活动,具体获奖情况如表8-1所示。

表 8-1 土地资源管理专业本科生暑期"三下乡"活动获奖情况

年度	团队名称	项目名称	获奖情况
2015	闪闪的红星	农户认知视角下武汉市边郊及周边城镇农用地流转意愿调研——以江夏区、梁子湖区为例	校级一等奖
2015	益心护岛	台风无情,我们有爱——关于海南文昌市台风灾区防灾减灾工作的调查	校级二等奖
2016	知行团队	轨道交通对房价格局影响力评估——以武汉地铁3号线为例	校级一等奖
2017	方圆定规	农村宅基地制度改革成效调研及技术服务	省级优秀团队
2018	方圆大地	"乡村振兴"视角下的村级土地利用规划调查	校级一等奖
2018	破壁者	深度贫困地区乡村振兴发展路径调研——以湖北省英山县为例	校级二等奖
2018	少年游	田园综合体建设中土地利用转型现状及潜力调研——以大冶市为例	校级三等奖
2018	登登登	基于公众参与视角的武汉市不动产统一登记现状调查	校级三等奖
2018	小图大作	乡村振兴背景下宁夏"绿色"村土地利用规划调研	校级二等奖

(三)其他社会实践活动

此外,近年来土地资源管理专业学生参加其他社会实践活动情况如表 8-2 所示。

表 8-2 近年来土地资源管理专业学生参加社会实践情况

姓名	申报类别	项目名称	指导老师
赵亚峰	自然科学类	矿业开发对资源型地区农村耕地撂荒的影响研究——以晋城市泽州县为例	方世明
吴旭	自然科学类	"农村专业合作社"模式下的土地利用方式研究	王占岐
王宝峰	自然科学类	武汉市城市扩张与绿岛空间布局研究	叶菁
卓新博	自然科学类	填湖造陆对土壤生态环境的影响	叶菁
张祎	自然科学类	农户行为视角下的黄土高原区耕地流转问题研究	胡守庚
黎迪韧	暑期"三下乡"社会实践	关于耕地流转中的农民权益保障问题调查研究	渠丽萍

续表 8-2

姓名	申报类别	项目名称	指导老师
张頔	哲学社会科学	农村宅基地流转机制研究——基于湖北农村宅基地流转现状调查	周学武
钱春蕾	大学生创新创业计划	武汉城市湖泊演化研究	叶菁
高云霄	自然科学类	农户认知视角下武汉市及周边城镇农业用地流转意愿调研——以江夏区、梁子湖区为例	龚健
段倩雯	自然科学类	武汉城市圈交通通达性测试及其对土地利用格局的影响	姚小薇
万伟华	自然科学类	基于CLUE-S模型的县域土地利用时空动态变化模拟——以武汉市蔡甸区为例	刘越岩
邓爱平	哲学社会科学类	权利人视角下的不动产登记制度规划——基于对武汉市人民的调查	龚健 宦吉娥
刘辉	科技论文报告会	基于惩罚型变权模型的土地生态安全评价及障碍因子分析	渠丽萍
程潇雨	科技论文报告会	快速发展地区经济-资源-环境系统协调发展研究	渠丽萍
王世桢	大学生创新创业计划	区域旅游经济溢出研究以中部六省为例	叶菁
高云霄	自然科学类	基于Logistic模型的农户对农用地流转的满意度影响因素研究——以武汉市江夏区和鄂州市梁子湖区为例	王占岐
冯润东	自然科学类	探究山东昌乐县新生代火山群的旅游地质意义及其社会经济影响	李江风
段倩雯	自然科学类	国家级大学生创新创业训练计划——城际铁路对沿线土地利用时空变化的影响机制研究	姚小薇

三、创新创业竞赛获奖情况

（一）"互联网＋"大学生创新创业大赛

为贯彻落实李克强总理的重要指示和《国务院办公厅关于深化高等学校创新创业教育改革的实施意见》，深化高等教育综合改革，激发大学生的创造力，培养造就"大众创业、万众创新"的生力军，促进"互联网＋"新业态形成，主动服务经济提质增效升级，以创新引领创业、创业带动就业，推动高校毕业生更高质量创业就业，我校公共管理学院土地资源管理专业学子积极参与"互联网＋"大学生创新创业大赛，并取得了不俗成绩，如2015届本科生张莹的"游品慧青少年科普实践服务平台开发及运营"获第四届"互联网＋创新创业大赛"实践组省赛铜奖、校级三等奖，其他参赛项目如表8-3所示。

表 8-3 中国"互联网+"大学生创新创业大赛历年参赛项目

年度	组别	项目名称	项目类型
2015	创意组	城市排水系统智能整合	公共服务
2016	创意组	武汉书易信息科技有限公司	商务服务
2016	初创组	武汉风成电子商务公司	现代农业
2016	初创组	"淘老师"教育服务平台	公共服务
2017	创意组	基于三维全景的环境教育科普实践平台	信息技术服务
2017	创意组	紫薯甜品的研发	现代农业
2018	创意组	智能家居项目	"互联网+"文化创意服务
2018	创意组	基于可判别性稀疏字典学习的高分辨率遥感影像土地利用分类	"互联网+"信息技术服务
2018	创意组	后保研 HBY 信息咨询	"互联网+"信息技术服务
2018	创意组	椰清海清补凉	"互联网+"社会服务
2018	创意组	唯筱礼仪工作室	"互联网+"社会服务
2018	就业型创业组	洪山区 2+2 校园自行车循环商行	"互联网+"文化创意服务
2018	创意组	安全指数 APP	"互联网+"信息技术服务
2018	创意组	一元发现信息科技有限公司	"互联网+"社会服务
2018	创意组	减脂专家—小紫薯	"互联网+"现代农业
2018	创意组	民宿智能体验平台	"互联网+"社会服务

(二)"创青春"全国大学生创业大赛

"创青春"全国大学生创业大赛是"挑战杯"中国大学生创业计划竞赛的改革提升。2013年11月8日,习近平总书记向2013年全球创业周中国站活动组委会专门致贺信,特别强调了青年学生在创新创业中的重要作用,并指出全社会都应当重视和支持青年创新创业。党的十八届三中全会对"健全促进就业创业体制机制"做出了专门部署,指出了明确方向。为贯彻

表 8-6　其他竞赛获奖情况

获奖年度	奖项名称	获奖作品	获奖等级
2016	2016 年 AAG 学术年会学术论文竞赛	Multi-order urban development model and sprawl patterns: A multi-scale analysis in China, 2000—2010	旅行奖
	全国土地资源优秀论文	中部三省多尺度城镇用地扩张分异规律	一等奖
	湖北省人力资源学会 2016 年年会优秀论文	转制科研院所企业年金制度设计与实施研究	特等奖
	2016 年度湖北省公共管理研究会学术研讨会优秀论文	地方公共支出的区域经济效应实证分析	一等奖
	湖北省政府发展研究奖	推进湖北生态补偿机制建设研究	一等奖
	全国土地资源优秀论文	宅基地转为工业用地生态环境成本核算研究	二等奖
	2016 年"创青春"全国大学生创业大赛创业实践挑战赛	智能零距淘老师技能分享平台	全国铜奖
	第十届湖北省社会科学优秀成果奖	碳标签和碳关税对农产品贸易与碳减排的影响机制研究	三等奖
	2016 年湖北省大学生暑期"三下乡"社会实践活动	湖北省宅基地置换现状调研——以武汉市洪山区为例	省级优秀团队
2017	2017 年湖北省大学生暑期"三下乡"社会实践活动	精准扶贫视角下的石漠化现状调查与治理服务——赴贵州省铜仁市暑期社会实践	省级优秀团队
	2017 年湖北省优秀城乡规划设计奖(风景名胜区规划专项)	神农架风景名胜区总体规划(2016—2030)	三等奖
	2017 年中国产业政策与发展地理学学术研讨会	基于生态足迹的区域可持续发展研究	二等奖
2018	2018 年湖北省环境资源法学会年会优秀论文	论国家公园立法的体系性与协调性	二等奖
	全国土地资源科学创新与精准扶贫研究优秀论文奖	中国城市土地集约利用时空差异及驱动因素分析——基于修正的土地集约利用模型	一等奖
2019	第一届全国大学生自然资源科技作品大赛	长江经济带生态用地变化规律及保护策略	优秀作品奖
	博文杯第三届全国大学生不动产估价技能大赛	鄂州市梧桐湖新区东沟镇鲊州村〔2015〕010 号集体经营性建设用地(工业用地)、〔2018〕016 号集体经营性建设用地(居住用地)土地使用权价值评估	三等奖

续表 8-6

获奖年度	奖项名称	获奖作品	获奖等级
2019	第一届全国大学生土地国情调查大赛	基于农户视角的宅基地"三权分置"改革意愿及影响因素研究——以武汉市新洲区为例	三等奖
	第二届全国大学生土地利用规划技能大赛	"多规合一"视角下的小庙村村级土地利用规划	二等奖
	村土地利用规划志愿服务全国社会实践专项优秀成果	中国地质大学（武汉）"方圆大地"团队	一等奖
	第十八届全国高校土地资源管理院长（系主任）联席会暨2019年中国土地科学论坛	基于"三生空间"的土地利用功能演变及生态环境响应——以桂西资源富集区为例	二等奖
	2019年中国产业政策与发展学术研讨会优秀论文奖	Evaluation and Monitoring Early Warning of Resources and Environment Carrying Capacity in Key Ecological Function Area: A Case Study of Fang County in Hubei Province	青年优秀论文
	第十八届全国高校土地资源管理院长（系主任）联席会暨2019年中国土地科学论坛	Calculation of Compensation for Rural Homesteads Withdrawal in Suburb Area under the Background of Rural Revitalization——Taking the Xinzhou District of Wuhan City as an Example	二等奖
	2019年湖北省环境资源法学会年会优秀论文	自然保护区内矿业权退出的合宪性分析	一等奖

第二节　参与高水平项目，获得科研经验

在我校《土地资源管理专业人才培养方案》中，安排有 9 周的毕业实习课程，主要是土地资源管理专业本科生在完成基础课和大部分专业课学习之后进行的实践教学环节。通过实习，要求学生了解土地资源行政管理工作中的基本方法，掌握从事土地资源技术管理工作所需基本技能，为今后走上工作岗位奠定一定的实践基础；同时系统收集毕业论文所需资料，为撰写毕业论文做好充分准备。毕业实习的主要方式是参与导师的科研项目，开展土地资源管理技术开发研究工作。

近年来，我校公共管理学院土地资源管理系先后承担了国家科技支撑计划项目、国家自然科学基金项目、国家社会科学基金项目、国土资源大调查重大项目，以及省部级科研课题百余项，近 3 年年均到位科研经费 2000 余万元。土地资源管理专业本科生参与的代表性科研项目如表 8-7、表 8-8 所示。

表 8-7 我校土地资源管理专业本科生参与的代表性纵向科研项目

立项年度	项目名称
2018	基于多尺度决策主体的半城市化地区空间结构演化研究:以武汉市为例
	城市住宅用地转型过程及其增值效应互馈机制研究——以武汉市为例
	贫困地区耕地利用转型对经济发展的驱动机理研究
	湖北省农村宅基地"三权分置"试点工作技术服务项目
	湖北省山水林田湖草生态保护修复课题研究项目
	基于街景与计算机视觉方法的城市建筑更新自动识别研究
	2017 年国家精准扶贫工作成效河南省第三方评估重大任务
	城市扩张过程与住宅地价变化互动机理研究
	长江经济带耕地利用转型机理与模式调控研究
	湖北省农村新产业新业态用地政策研究
	湖北省鄂州市土地整治规划(2016—2020 年)
2017	2017 年国家精准扶贫工作成效甘肃省第三方评估重大任务
	过去 300 年青藏地区土地覆被变化重建
	鄂州市国土资源节约集约示范市创建专题研究
	全省优势矿产资源分布及开发利用正面负面清单研究
	汉水库区土地环境质量调查与评价
	武汉市国土空间开发演变及对策研究
	城市扩张过程与住宅地价变化互动机理研究
2016	长江经济带耕地利用转型机理与模式调控研究
	新型城镇化背景下城市建设用地绩效评价及提升机制研究
	2016 年国家精准扶贫工作成效湖北省调查评估课题
2015	土地执法监察与督察协作机制研究
	堵河流域河流地貌演化与斜坡变化关系
	快速城市化背景下土地系统脆弱性研究及其适应策略
	土地利用转型经济社会效应评价关键技术集成研究
	长江中游经济带土地利用转型管控技术与政策创新——土地利用转型潜力评价关键技术集成研究
	湖北省土地利用可持续性评价及时空格局演变研究
	海南省耕地保护补偿机制研究
	秦岭资源型典型地区资源环境承载力评价试点
	基于计算智能和空间关系约束的非结构化土地评价规则挖掘

续表 8-7

立项年度	项目名称
2014	广西生态脆弱区土地综合整治技术研究与推动农业产业化发展集成示范
	城市群住宅价格影响机理及空间扩散效应研究
2013	建设用地利用状况与绩效评估研究
	典型资源型地区环境承载综合评价与区划
	福建省典型富硒区 1∶5 万土地质量地球化学评估（三元区）
	清流县名特优农产品产地地球化学调查与评价
	广西壮族自治区国土空间开发格局优化研究

表 8-8　我校土地资源管理专业本科生参与的代表性横向科研项目

立项年度	项目名称
2018	钦州市 2018 年基准地价更新及补充完善服务
	周口市市区城镇土地级别及基准地价更新调整
	国土资源部专项政策绩效评估体系构建研究
	2018 年度湖北葛店经济开发区土地集约利用评价项目
	武汉市不动产登记数据清理整合技术研究
	巴东县神农溪景区旅游提档升级项目修建性详规及设计机构项目
	恩施清江红花峡峰林景区旅游总体规划
	镜泊湖世界地质公园再评估技术服务
	大冶市大箕铺镇旅游总体规划及东角山、大箕山控制性规划
	大冶市金湖旅游总体规划
	麻城红石公园旅游总体规划
	鄂王城文化生态旅游区总体规划及重要组团节点控制性规划
	武汉市 2014 版基准地价实施评估与更新趋势研究
	宁夏盐池县土地生态状况精细化评估
	鄂州市征地补偿标准调整项目
2017	山西华北石材有限公司浑源县中庄铺乡人崖山花岗石等 8 个矿区土地复垦方案编制项目
	2017 年沙洋县后港镇乔湖等高标准基本农田土地整治项目（以奖代补）可行性研究、规划设计及预算编制
	武汉市新洲区施庙村农村房屋三维信息自动化调查
	适应自然资源统一管理的土地规划用地分类研究
	长江中游经济带资源环境承载力评价研究

续表 8-8

立项年度	项目名称
2017	湖北省鄂州市土地整治规划(2016—2020年)
	黄冈大别山世界地质公园申报与创建
	2016年度鄂州花湖经济开发区土地集约利用更新评价项目
	鄂州市梁子湖区土地利用总体规划调整
	国土资源部专项政策绩效评估体系构建研究
	湖北黄冈大别山世界地质公园申报与创建
	长江中游城市群典型地区土地生态状况评估
	云和县武岱峰地质公园申报项目
	大冶陈贵镇全域旅游规划及重要节点详细规划
	房县城乡建设用地增减挂钩项目方案编制
2016	房县野人谷镇2013年高标准基本农田土地整理项目整理后土地重估
	服务于丝绸之路历史地理信息开放平台的土地利用/覆被数据集研制
	大冶市刘仁八镇经济社会发展"十三五"规划纲要
	大冶刘仁八镇红三军团旧址控制性详细规划
	湖北省大冶市产城融合新型城镇化试点方案编制
	团风县土地利用总体规划(2006—2020年)调整完善
	湖北长阳清江国家地质公园建设技术服务
	惠州市惠东县第一次全国地理国情普查工作测绘调查与数据整理
	大冶刘仁八金柯户外活动基地总体规划及重要节点控制性详细规划
	新建郑州至万州铁路湖北段临时用地复垦方案编制
	大冶市金湖旅游总体规划
	麻城红石公园旅游总体规划
	《大冶市国民经济与社会发展第十三个五年规划》纲要编制
	团风县城镇周边永久基本农田划定项目
	湖北省沙洋县官垱镇"四化同步"示范乡镇土地利用专项规划调整
2015	深圳机场地下管线综合信息管理系统规划设计项目
	《湖北长阳清江国家级地质公园规划》编制
	新洲区房地产"十三五"规划纲要
	鄂州市中心城区土地利用总体规划局部调整及数据库二次更新工作
	宿州市工矿废弃地复垦利用专项规划
	沙洋县五里铺镇合心村2013年高标准基本农田土地整治项目地形测绘

续表 8-8

立项年度	项目名称
2015	2013年沙洋县沈集镇南水北调汉江沿线土地整治重大工程项目地形测绘
	青海西宁热电厂"上大压小"新建工程项目临时用地复垦方案
	广西大化七百弄国家地质公园七百弄高峰丛深洼地空间形态分布及其成因研究
2014	团风县经济开发区土地集约利用评价
	韶关市丹霞山管理委员会国家级自然保护区总体规划项目
	房县宅基地使用权和集体建设用地使用权外业测绘服务
	惠城区2013年度耕地质量等别年度更新评价项目
	惠阳区2012年度耕地质量等级年度变更项目
	崇阳县基本农田划定项目
	湖北五峰国家地质公园地质科普材料编制
	团风县土地整治规划数据库建设
	新建铁路大冶北至阳新土地复垦方案编制
	广西地质公园资源保护与开发研究
	长阳龙池山家庭农场项目总体规划
	鹤峰县土地整治规划(2011—2020年)
	武汉市新洲区房地产市场分析与分类调控的可行性研究
	中国伏牛山世界地质公园2014年评估地质公园数据库建设服务
	团风县土地整治项目整治后基本农田补划研究
	襄阳市石花镇"四化同步"师范乡镇试点规划
	湖北省黄梅县2012—467—1号地块房地产开发咨询策划服务
	《湖北省大冶市旅游发展总体规划》编制
	恩施大峡谷地质导游指南及地质解说系统设计
	习水县寨坝镇2013年度省级高标准基本农田建设土地整治项目
	荆门市沙洋县官垱镇"四化同步"示范乡镇试点镇村系列规划
	团风县增减挂钩2012年第三批次、2013年第一批次、2013年第二批次实施方案规划设计与预算
	鄂州中心城区土地利用总体规划局部调整及数据库更新工作项目
	黄梅县杉木乡等两个乡镇2013年高标准基本农田土地整治项目可研、规划设计及预算编制
2013	湖北罗田河西畈旅客集散中心控制性详细规划及重点节点修建性详细规划
	湖北五峰国家地质公园规划
	海南省旅游产业发展与土地节约集约利用研究
	申报黄岗大别山世界地质公园

续表 8-8

立项年度	项目名称
2013	武夷山市吴屯乡红园村土地整理项目规划设计及预算编制
	宿州市灵璧县娄庄镇大山村等五村高标准基本农田建设项目
	洪山区"大学之城"建设研究
	2012年鄂州市占补平衡项目可行性研究和规划施工设计
	青海省乐都县和互助县土地相关规划前期工作服务
	湖北省谷城县征地统一年产值标准及区片综合地价项目
	甘泉县道镇漫庄河沟等五个土地整治项目
	典型资源型地区资源环境承载力综合评价与区划
	团风县2012年第三批城乡建设用地增减挂钩测量
	樟村坪国家矿山公园总体规划
	大柴旦行委马海农场土地开发（占补平衡）可研项目
	梁子湖区梁子镇土地整理项目现状图测绘
	竹山县城区及乡（镇）土地定级暨基准地价更新
	国家高速北京至拉萨线西宁南绕城公路工程土地复垦
	乌兰县柯柯镇东村等五村土地开发整理（占补平衡）规划设计和预算编制

此外，专业学生积极与教师联系，自主申请课题立项，开展科学研究，锤炼科学素养，立项情况如表 8-9 所示，部分获奖情况如图 8-6 所示。

表 8-9　近年来土地资源管理专业学生参加科研立项情况

申报类别	项目名称	负责人	指导老师
自然科学类	填湖造陆对土壤生态环境的影响	卓新博	叶　菁
自然科学类	农户行为视角下的黄土高原区耕地流转问题研究	张　祎	胡守庚
哲学社会科学	湿地保护——东湖湖区土地利用安全格局构建研究	叶　圣	周学武 刘志玲
哲学社会科学	新农村建设下的土地流转与农民权益保障现状调查研究——基于农民认知程度视角	黎迪韧	渠丽萍
哲学社会科学	农村空心村布局及其整治模式研究——以湖北省红安县为例	贾　莉	胡守庚
哲学社会科学	我国土地复垦资金筹措模式的初步研究	李琴鸽	周学武
自然科学类	填湖造陆对土壤生态环境的影响	卓新博	叶　菁
自然科学类	农户行为视角下的黄土高原区耕地流转问题研究	张　祎	胡守庚
哲学社会科学类	新农村建设下的土地流转与农民权益保障现状调查研究——基于农民认知程度视角	黎迪韧	渠丽萍

续表 8-9

申报类别	项目名称	负责人	指导老师
其他类	以生态养殖为基础的农村土地农场化实施方案	刘 颖	李江风
哲学社会科学	农村宅基地流转机制研究——基于湖北农村宅基地流转现状调查	张 颀	周学武
自然科学类	农户认知视角下武汉市及周边城镇农业用地流转意愿调研——以江夏区、梁子湖区为例	高云霄	龚 健
自然科学类	武汉城市圈交通通达性测试及其对土地利用格局的影响	段倩雯	姚小薇
自然科学类	基于CLUE-S模型的县域土地利用时空动态变化模拟——以武汉市蔡甸区为例	万伟华	刘越岩
哲学社会科学类	权利人视角下的不动产登记制度规划——基于对武汉市人民的调查	邓爱平	龚 健 宣吉娥
自然科学类	轨道交通对房价格局影响力评估——以武汉地铁3号线为例	张溢凡	渠丽萍

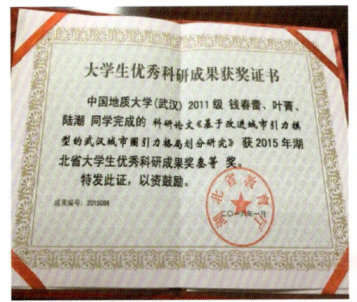  

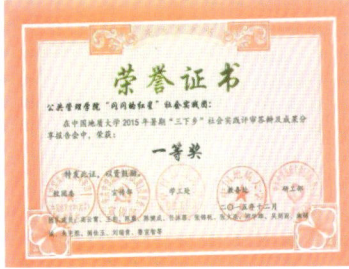  

图 8-6 部分学生获奖证书

依托科研项目,专业学生发表各类科研论文百余篇,其中具有代表性的论文如表 8-10 所示。

表 8-10　近 5 年专业学生以第一作者/通讯作者发表的代表性论文清单

序号	年度	作者姓名	学生类型	论文标题	发表期刊	期刊收录情况
1	2016	杨剩富	博士生	Spatially non-stationary relationships between urban residential land price and impact factors in Wuhan city, China	Applied Geography	SSCI
2	2016	柴季	博士生	The Impacts of Land Use Change on Residents' Living Based on Urban Metabolism: A Case Study in Yangzhou City of Jiangsu Province, China	Sustainability	SSCI
3	2016	向敬伟	博士生	鄂西贫困县耕地利用转型空间分异及其影响因素	农业工程学报	EI
4	2016	侯现慧	博士生	基于产能核算和土地质量地球化学评估的县域基本农田布局研究	中国土地科学	CSSCI
5	2016	童陆亿	博士生	中国主要城市建设用地扩张特征	资源科学	CSSCI
6	2017	童陆亿	博士生	Multi-order urban development and sprawl patterns: An analysis in China, 2000—2010	Landscape and Urban Planning	SSCI
7	2017	Yen Yat	博士生	The predictors of the behavioral intention to the use of urban green spaces: The perspectives of young residents in Phnom Penh, Cambodia	Habitat International	SSCI
8	2017	柴季	博士生	Integrated Evaluation of Coupling Coordination for Land Use Change and Ecological Security: A Case Study in Wuhan City of Hubei Province, China	International Journal of Environmental Research and Public Health	SSCI
8	2017	杨剩富	博士生	Spatiotemporal effects of main impact factors on residential land price in major cities of China	Sustainability	SSCI
10	2017	李全峰	博士生	Cultivated Land Use Benefits Under State and Collective Agrarian Property Regimes in China	Sustainability	SSCI
11	2017	徐枫	博士生	引入生态理念的农村居民点再利用研究	资源科学	CSSCI
12	2017	瞿诗进	博士生	长江中游经济带城镇建设用地转型的时空特征	资源科学	CSSCI

续表 8-10

序号	年度	作者姓名	学生类型	论文标题	发表期刊	期刊收录情况
13	2017	张冬妍	硕士生	基于PVW-Voronoi图的工矿废弃地复垦利用潜力评价——以湖北省县域为例	中国土地科学	CSSCI
14	2017	陆砚池	硕士生	基于SBM-DEA和Malmquist模型的武汉城市圈城市建设用地生态效率时空演变及其影响因素分析	长江流域资源与环境	CSSCI
15	2017	许基伟	硕士生	基于G2SFCA的武汉市中心城市公园绿地空间公平性分析	资源科学	CSSCI
16	2018	Sidra Arshad	博士生	Zipf's law and city size distribution: A survey of the literature and future research agenda	Physica A: Statistical Mechanics and its Applications	SCI
17	2018	柴季	博士生	Analysis for spatial-temporal changes of grain production and farmland resource: Evidence from Hubei Province, central China	Journal of Cleaner Production	SCI
18	2018	童陆亿	博士生	Mixed accuracy of nighttime lights (NTL)-based urban land identification using thresholds: Evidence from a hierarchical analysis in Wuhan Metropolis, China	Applied Geography	SSCI
19	2018	胡乐炜	博士生	Driving Factors for Digital Strategic Actions in Competitive Dynamics	International Journal of Networking & Virtual Organisations	EI
20	2018	魏超	博士生	The Spatial-Temporal Characteristics and Dilemmas of Sustainable Urbanization in China: A New Perspective Based on the Concept of Five-in-One	Sustainability	SSCI
21	2018	童陆亿	博士生	湘鄂赣三省多级城镇用地扩张时空特征	资源科学	CSSCI
22	2018	张红伟	博士生	基于耕地非市场价值特征的高标准基本农田建设优化研究	中国人口·资源与环境	CSSCI
23	2018	杨斌	博士生	基于改进可拓物元模型的土地整治项目绩效评价及影响因素分析	中国土地科学	CSSCI
24	2018	李冰清	博士生	基于集聚发展路径的农村居民点空间重构研究	中国人口·资源与环境	CSSCI

续表 8-10

序号	年度	作者姓名	学生类型	论文标题	发表期刊	期刊收录情况
25	2018	张红伟	博士生	基于"源""汇"景观理论的山区农村居民点整治适宜性评价研究——以十堰市房县为例	中国土地科学	CSSCI
26	2018	瞿诗进	博士生	城市住宅地价影响因素的定量识别与时空异质性——以武汉市为例	地理科学进展	CSSCI
27	2018	徐枫	博士生	随机森林算法在农村居民点适宜性评价中的应用	资源科学	CSSCI
28	2018	王琳	硕士生	Urban Built-Up Area Boundary Extraction and Spatial-Temporal Characteristics Based on Land Surface Temperature Retrieval	Remote sensing	SCI
29	2018	门计林	硕士生	多结构卷积神经网络特征级联的高分影像土地利用分类	武汉大学学报(信息科学版)	EI
30	2018	罗素	硕士生	近10年长江经济带多尺度耕地利用变化特征	中国农业资源与区划	CSSCI
31	2018	朱丽君	本科生	征地补偿农户满意度影响因素及提升路径——以武汉市江夏区为例	资源科学	CSSCI
32	2018	郭莎莎	本科生	长江中游地区多尺度耕地景观格局演变特征	长江流域资源与环境	CSSCI
33	2019	陈万旭	博士生	Analyzing requisition compensation balance of farmland policy in China through telecoupling: A case study in the middle reaches of Yangtze River Urban Agglomerations	Land Use Policy	SSCI
34	2019	李冰清	博士生	Index system to assess implementation of strategic land use plans in China	Land Use Policy	SSCI
35	2019	陈万旭	博士生	Land use transitions and the associated impacts on ecosystem services in the Middle Reaches of the Yangtze River Economic Belt in China based on the geo-informatic Tupu method	Science of the Total Environment	SCI
36	2019	马赛	博士生	Who is Vulnerable to Ecosystem Service Change? Reconciling Locally Disaggregated Ecosystem Service Supply and Demand	Ecological Economics	SSCI

续表 8-10

序号	年度	作者姓名	学生类型	论文标题	发表期刊	期刊收录情况
37	2019	张红伟	博士生	Selection of targeted poverty alleviation policies from the perspective of land resources-environmental carrying capacity	Journal of Rural Studies	SSCI
38	2019	杨建新	博士生	Delineation of Urban Growth Boundaries Using a Patch-based Cellular Automata Model under Multiple Spatial Scenarios	Computers，Environment and Urban Systems	SSCI
39	2019	杨 超	博士生	公平视角下中国地区碳排放权分配研究	资源科学	CSSCI
40	2019	张利国	博士生	基于村域多功能视角的乡村振兴策略——以鄂西郧阳山区为例	资源科学	CSSCI
41	2019	陈万旭	博士生	长江中游地区生态系统服务价值空间分异及敏感性分析	自然资源学报	CSSCI
42	2019	陈万旭	博士生	中国土地利用变化的生态环境效应空间分异性与形成机理	地理研究	CSSCI
43	2019	田 野	博士生	中国国际保护地资源代表性与国家公园建设	资源科学	CSSCI
44	2019	杨 斌	博士生	鄂西北山区土地利用的地形梯度效应与空间结构特征	长江流域资源与环境	CSSCI
45	2019	张 鹏	博士生	地块尺度的复杂种植区作物遥感精细分类	农业工程学报	EI
46	2019	黄锦丞	硕士生	A Scenario-Based Simulation of Land System Changes on Dietary Changes：A Case Study in China	Sustainability	SSCI
47	2019	王一淞	硕士生	Sustainability Assessment of Natural Capital Based on the 3D Ecological Footprint Model：A Case Study of the Shennongjia National Park Pilot	Sustainability	SSCI
48	2019	陆砚池	硕士生	均衡和效率双重视角下武汉市主城区公园绿地空间布局优化研究	长江流域资源与环境	CSSCI
49	2020	Adator Stephanie Worlan	博士生	Evaluating the environmental and economic impact of mining for post-mined land restoration and land-use：A review	Journal of Environmental Management	SCI

续表 8-10

序号	年度	作者姓名	学生类型	论文标题	发表期刊	期刊收录情况
50	2020	李靖业	博士生	Carbon Dynamics in the Northeastern Qinghai-Tibetan Plateau from 1990 to 2030 Using Landsat Land Use/Cover Change Data	Remote Sensing	SCI
51	2020	瞿诗进	博士生	Temporal variation in the effects of impact factors on residential land prices	Applied Geography	SSCI
52	2020	喻 立	博士生	Spatial-Temporal Differentiation Analysis of Agricultural Land Use Intensity and Its Driving Factors at the County Scale: A Case Study in Hubei Province, China	International Journal of Environmental Research and Public Health	SCI
53	2020	杨 斌	博士生	Assessing the Performance of Land Consolidation Projects in Different Modes: A Case Study in Jianghan Plain of Hubei Province, China	International Journal of Environmental Research and Public Health	SCI
54	2020	杨 斌	博士生	Analyzing land use structure efficiency with carbon emissions: A case study in the Middle Reaches of the Yangtze River, China	Journal of Cleaner Production	SCI
55	2020	董 寅	博士生	Dynamic interactive effects of urban land-use efficiency, industrial transformation, and carbon emissions	Journal of Cleaner Production	SCI
56	2020	瞿诗进	博士生	Quantifying the relationship between streamflow and climate change in a small basin under future scenarios.	Ecological Indicators	SCI
57	2020	张 璨	硕士生	山水资源型城镇的生态安全格局构建研究——以武汉市黄陂区为例	长江流域资源与环境	CSSCI
58	2020	朱 杰	硕士生	青藏高原东部生态敏感区生境质量时空演变特征——以青海省河湟谷地为例	资源科学	CSSCI
59	2020	周 骁	硕士生	贵州省旅游效率时空演变及影响因素分析	地域研究与开发	CSSCI
60	2020	王 雄	硕士生	长江中游地区贫困村空间分异研究	长江流域资源与环境	CSSCI
61	2020	王雯雯	硕士生	主体功能区视角下的生态补偿研究——以湖北省为例	生态学报	核心期刊
62	2020	吴 琼	硕士生	基于POI的武汉市夏季热场主导因素多尺度分析	长江流域资源与环境	CSSCI

第三节 学术交流级别高,积极性强

通过参与国内外学术会议、科技论文报告会等学术交流活动(表8-11、表8-12,图8-7、图8-8,表8-13),可以通过与相关专家学者交流土地资源管理专业领域所面临的形势和问题,进一步巩固所学知识,掌握和了解当前土地管理动态、土地制度研究前沿、土地规划新方法、土地生态研究热点、土地评估与评价新技术、土地金融发展、城市土地发展、土地可持续发展利用、国土资源信息化建设等土地科学的核心内容,有助于学生应用土地调查与评价、土地规划、土地管理、土地信息系统等方面的基础理论及专业技能,识别、表达,并通过实习实训分析解决专业问题。

表8-11 学生参与的主要国内外学术会议

时间	地点	会议名称
2015年7月	河南安阳	土地资源开发整治与新型城镇化建设学术研讨会
2015年11月	北京	中国地理学会产业政策与发展地理学工作组成立暨学术研讨会
2015年11月	浙江杭州	中国社会-生态系统制度分析国际研讨会
2016年12月	江苏南京	第十四届全国高校土地资源管理院长(系主任)联席会暨2015年中国土地学会学术年会
2016年8月	北京	中国地理学会产业政策与发展地理学2016年学术会议
2016年12月	北京	第十五届全国高校土地资源管理院长(系主任)联席会暨2016年中国土地学会学术年会
2017年7月	内蒙古呼和浩特	中国自然资源学会2017年学术年会暨第十一届全国资源学院院长论坛
2017年9月	贵州贵阳	自然地理学与"一带一路"地缘环境学术研讨会议
2017年10月	湖南衡阳	《地理研究》创刊35周年学术盛典暨"观点与争鸣"栏目发展研讨会
2018年10月	湖北武汉	第十七届全国高校土地资源管理院长(系主任)联席会暨2018年中国土地科学论坛
2016年3月	美国旧金山	2016 Association of American Geographers Annual Meeting
2016年6月	中国北京	The 10th IACP Conference: Government and Planning in Transitional China - Peking University, Beijing, China
2016年8月	中国北京	33rd International Geographical Congress
2016年8月	中国陕西	International Conference on Land Use and Rural Sustainability
2016年10月	中国北京	GLP 3rd Open Science Meeting
2017年8月	中国榆林	The First IGU-AGLE Commission Conference Global Rural Development and Land Capacity Building

续表 8-11

时间	地点	会议名称
2018 年 1 月	美国达拉斯	The 23rd Annual Graduate Education & Graduate Student Research Conference in Hospitality and Tourism
2018 年 2 月	韩国仁川	The 83rd TOSOK International Tourism Conference
2018 年 4 月	美国新奥尔良	2018 Annual Meeting of the American Association of Geographers
2018 年 6 月	瑞典哥德堡	World congress of environmental and resource economist
2018 年 9 月	韩国济州	Asian Seminar in Regional Science
2019 年 5 月	加拿大蒙特利尔	International association for energy economics international conference
2019 年 5 月	日本东京	The Asian Conference on Sustainability, Energy and the Environment
2019 年 4 月	美国华盛顿	2019 Annual Meeting of the American Association of Geographers

表 8-12　土地资源管理专业师生近 5 年参加本领域国际学术会议并作报告人员

序号	姓名	国际会议名称	报告题目	报告时间	报告地点
1	柴季	2016 Association of American Geographers Annual Meeting	The Spatial-temporal Changes of Grain Production and Cultivated Landin Hubei Province of China	2016 年 3 月	美国旧金山
2	李冰清	2016 Association of American Geographers Annual Meeting	Optimal Allocation of Urban Land-use Based on Ecological Security: A Pilot Research in Xiangyang	2016 年 3 月	美国旧金山
3	喻立	2016 Association of American Geographers Annual Meeting	Research on the Relationship between the Agglomeration of Factors and the Intensive Use of Construction Land	2016 年 3 月	美国旧金山
4	徐枫	2016 Association of American Geographers Annual Meeting	Research on Eco-environment Effect of the Project of Linking the Increase in Land Used for Urban Construction with the Decrease in Land Used for Rural Construction in Mountain Counties	2016 年 3 月	美国旧金山
5	杨建新	2016 Association of American Geographers Annual Meeting	Characterizing Neighborhood impacts in Cellular Automation Based Urban Growth Models-Chinese	2016 年 3 月	美国旧金山
6	童陆亿	2016 Association of American Geographers Annual Meeting	Multi-order Urban Development Model and Sprawl Patterns: A Multi-scale Analysisin China, 2000-2010	2016 年 3 月	美国旧金山

续表 8-12

序号	姓名	国际会议名称	报告题目	报告时间	报告地点
7	向敬伟	2016 Association of American Geographers Annual Meeting	Spatial Difference and Its Influencing Factors of Cultivated Land Transition of Poverty Counties in Western Hubei of China	2016 年 3 月	美国旧金山
8	李伟松	2016 Association of American Geographers Annual Meeting	Land Use and Land Cover Change and Their Driving Forces in Wuhan Urban Agglomeration in the Past 30 Years	2016 年 3 月	美国旧金山
9	范昕	2016 Association of American Geographers Annual Meeting	Stimulation on Land Use/Land Cover Change in the Qinghai Province Based on CLUE-S Model	2016 年 3 月	美国旧金山
10	姚尧	2016 Association of American Geographers Annual Meeting	Study on the Relationships between Spatial-Temporal Land Use Change and Socioeconomic Effects in Wuhan Metropolitan Area	2016 年 3 月	美国旧金山
11	戴云哲	2016 Association of American Geographers Annual Meeting	Agricultural Land Use Optimization in Selenium Enriched Area Based on Soil Geochemical Characteristics	2016 年 3 月	美国旧金山
12	马赛	2016 Association of American Geographers Annual Meeting	Feedbacks between Population and Land use Benefits: A Case Study in Miyun Reservoir Watershed	2016 年 3 月	美国旧金山
13	汪樱	2016 Association of American Geographers Annual Meeting	Impact of Cropland Changes on Food Security Dynamics in the Yangtze River Basin, China, from 1990 to 2010	2016 年 3 月	美国旧金山
14	刘春燕	2016 Association of American Geographers Annual Meeting	Study on Rural Tourism and the Sustainable Development of Countryside Economy in Yanwowan	2016 年 3 月	美国旧金山
15	刘霈珈	The 10th IACP Conference: Government and Planning in Transitional China -Peking University, Beijing, China	Spatial Allocation Optimization of Prime Farmland and Cultivated Land Quality Monitoring Zones Based on Cultivated Land Comprehensive Quality	2016 年 6 月	中国北京
16	夏欢	The 15th APSSA international conference 2016	An Analysis of Lifelong Learning Policies and Practices in the Russian Federation	2016 年 6 月	泰国清迈
17	李冰清	33rd International Geographical Congress	Research on the Land Use Pattern and Water Resources Protection in Danjiangkou Reservoir Area	2016 年 8 月	中国北京
18	耿冰	33rd International Geogrephical Congress	Influence of Urban Land Intensive Utilization on Livabilitylivability	2016 年 8 月	中国北京

续表 8-12

序号	姓名	国际会议名称	报告题目	报告时间	报告地点
19	王晓瑜	International Conference on Land Use and Rural Sustainability	Cultivate Land Value and Its Spatially Varied Relationships with Main Impact Factors: A Case Study in Tuangfeng County, China	2016年8月	中国陕西
20	瞿诗进	International Conference on Land Use and Rural Sustainability	Spatio-temporal Dynamic Patterns and Driving Factors of the Land Use Transitions in Central Yangtze River Economic Belt	2016年8月	中国陕西
21	李全峰	International Conference on Land Use and Rural Sustainability	The Sptio-temporal Pattern of Cultivated Land Use Transition since 1990 - A Case Study in Midele Yangtze River Economic Belt of China	2016年8月	中国陕西
22	王曦	The 3nd international conference on management science and management innovation	Coordination of the Industrial Relocation and the Cultural and Creative Industries in the Post-industrial Age in Beijing	2016年8月	中国桂林
23	杨建新	GLP 3rd Open Science Meeting	Spatial-temporal Analysis of Land Use and Ecological System Services Value Change in Qinghai Lake Area	2016年10月	中国北京
24	梁文婕	GLP 3rd Open Science Meeting	Legal Evaluation Method and Results on Illegal Land Use: A Case Study of Hubei Province	2016年10月	中国北京
25	杨剩富	2017 Association of American Geographers Annual Meeting	Spatiotemporally Varying Effects of Main Impact Factors on Redidential Land Price in Major Cities of China	2017年4月	美国波士顿
26	瞿诗进	2017 Association of American Geographers Annual Meeting	Spatio-temporal Dynamic Patterns of the Urban Land Use Transition in Middle Yangtze River Economic Belt	2017年4月	美国波士顿
27	魏超	2017 Association of American Geographers Annual Meeting	Study on the Changes of Ecosystem Service Value of Land Consolidation Project Area in Hubei Province	2017年4月	美国波士顿
28	张利国	2017 Association of American Geographers Annual Meeting	Accounting and Analysis of Carbon Effect from Land Consolidation Projects in different Geomorphic Regions	2017年4月	美国波士顿
29	张祎	2017 Association of American Geographers Annual Meeting	Spatial Temporal Evolution of Urban Eco-efficiency in China	2017年4月	美国波士顿

续表 8-12

序号	姓名	国际会议名称	报告题目	报告时间	报告地点
30	张鹏	The First IGU-AGLE Commission Conference Global Rural Development and Land Capacity Building	Fine Crop Mapping by High Spatial Resolution Remote Sensing Data in Complex Heterogeneous Areas	2017年8月	中国榆林
31	朱文琪	International association for energy economics international conference	Actual or Numerical? A Discussion on Crude Oil Prices and Exports	2017年6月	新加坡
32	谭云霞	The Asian Conference on Sustainability, Energy and the Environment	The Coupling Effect Analysis between Economic Growth, Industrial Structure and Environmental Pollution in China	2017年6月	日本神户
33	李旭洋	The Asian Conference on Sustainability, Energy and the Environment	A Research on the Relationship between Innovation Input, Innovation Output and Economic Growth in Hubei Province	2017年6月	日本神户
34	刘春燕	The 23rd Annual Graduate Education & Graduate Student Research Conference in Hospitality and Tourism	Transforming Rural Economy With Tourism to Improve Quality of Life: Daye County, China	2018年1月	美国达拉斯
35	刘春燕	The 83rd TOSOK International Tourism Conference	An Optimization Model for Rural Tourism and Heritage Preservation: Inspired by China's Pioneering Watertown of Zhouzhuang	2018年2月	韩国仁川
36	陈梦婷	2018 Association of American Geographers Annual Meeting	Research on Coupling Effect between Geotourism Industry and Regional Economic Development: A Case Study of Hubei Huanggang Dabieshan Geopark of China	2018年4月	美国新奥尔良
37	张鹏	2018 Association of American Geographers Annual Meeting	Automated Rural Land-use Classification Using Worldview-2 Data by Random Forest Approach	2018年4月	美国新奥尔良
38	李靖业	2018 Association of American Geographers Annual Meeting	Mapping Ecosystem Carbon Storage in Qinghai Lake basin Based on InVEST and Dyna-CLUE Model	2018年4月	美国新奥尔良
39	刘春燕	The 16th APacCHRIE Conference—Innovation and Sustainability	Revitalizing China's Countryside through Shared Rural Tourism	2018年5月	中国广州
40	戴胜	World congress of environmental and resource economist	Regional Green Total Factor Productivity in China: Convergence or Divergence?	2018年6月	瑞典哥德堡

续表 8-12

序号	姓名	国际会议名称	报告题目	报告时间	报告地点
41	刁贝娣	World congress of environmental and resource economist	The Spatial-temporal Characteristics and influential factors of NOx Emissions	2018年6月	瑞典哥德堡
42	王怡维	The Asian Conference on Sustainability, Energy and the Environment	Non-Linear Influence of Economic Growth on Carbon Productivity: A Research Based on Hubei Province in China	2018年6月	日本神户
43	包韶睿	Asian Seminar in Regional Science	Study on the Characteristics of Urban Size Distribution of Wuhan Urban Circle	2018年9月	韩国济州
44	王旭光	Asian Conference on the Social Sciences	Energy Substitution Potential in China's Non-metallic Mineral Products Industry-based on the Translog Function and Corrected Formula for Elasticity	2019年5月	日本东京
45	周娜	International association for energy economics international conference	Policy modelling and simulation of the development China's shale gas	2019年5月	加拿大蒙特利尔
46	郑悠	The Asian Conference on Sustainability, Energy and the Environment	Research on the Influence Mechanism of Industrial Structure's Changes on China's Air Pollution From the Perspective of Threshold Effects	2019年5月	日本东京
47	李思瑶	The Asian Conference on Sustainability, Energy and the Environment	Renewable Energy Consumption, CO2 emissions and Foreign trade in the G7 countries	2019年5月	日本东京
48	王颖	2019 Association of American Geographers Annual Meeting	Possible Uses and Impacts of Blockchain-Enabled Solution for Natural Resource Management and Environmental Challenges in China	2019年4月	美国华盛顿
49	余德	2019 Association of American Geographers Annual Meeting	Spatial-temporal Dynamics of Cultivated Land from 1990 to 2014 in Hunan Province, China	2019年4月	美国华盛顿
50	郭凯路	2019 Association of American Geographers Annual Meeting	Empirical Research About the Degree of City	2019年4月	美国华盛顿
51	汪金峰	2019 Association of American Geographers Annual Meeting	Research on Policy Support for Low Carbon, Safe and Efficient Energy System	2019年5月	美国华盛顿
52	汪金峰	2019 International Conference on Public Policy—Local Governance in A New Era: Opportunities, Challenges and Responses	Free Medical System Under Welfare-Russia's Free Medical System Reform and Its Enlightenment	2019年11月	中国武汉

图 8-7　第十七届全国高校土地资源管理院长（系主任）联席会暨 2018 年中国土地科学论坛

图 8-8　公共管理学院师生参加美国地理学家协会 2019 年会

表 8-13 学生参加科技论文报告会获奖情况

年份	论文名称	获奖情况
2012	GIS 在数字城市建设中的应用——以武汉市基础地理信息集成与综合管理系统为例	校级二等奖
2013	基于加权平均点型分析模型的插值动态研究——以分析区域的降水空间分布特点为例	校级二等奖
2013	填湖造陆对土壤生态环境的影响——以湖北省武汉市沙湖、黄金洲为例	校级三等奖
2014	基于农户意愿视角探讨农村宅基地流转良性机制的建立——以武汉市蔡甸区索河镇为例	校级一等奖
2014	武汉城市圈建设用地结构变化及其驱动力研究	校级三等奖
2015	基于 Logistic 模型的农户对农用地流转的满意度影响因素的研究——以武汉江夏区和鄂州市梁子湖区为例	校级一等奖
2015	土地利用变化的空间模拟模型	校级三等奖
2015	基于 GIS 对三峡库区消落带土地季节性利用的分析	校级三等奖
2016	轨道交通对房价格局影响力评估——以武汉地铁 3 号线为例	校级一等奖
2016	武汉城市圈城际铁路对周边土地利用变化的影响——以武（汉）咸（宁）城铁为例	校级三等奖
2017	基于 Logistic 模型的农村宅基地改革农户参加意愿及影响因素分析——以安徽省金寨县为例	校级二等奖
2018	What Determines Rural Households' Willingness to Transfer Rural Residence? A case study of 172 households in Daye City, China	校级特等奖
2018	三峡库区分阶段土地利用变化及其对土壤保持服务的影响	校级三等奖
2018	宜昌市土地生产潜力和人口承载力评估	校级三等奖
2019	乡村振兴背景下的耕地细碎化治理模式研究——以武汉新洲为例	校级二等奖
2019	基于发展权的失地农民社会保障体系研究——以武汉地区为例	校级三等奖
2019	武汉东湖新技术开发区土地、生态和经济的耦合关系研究	校级三等奖

第四节 毕业生培养质量获好评

一、毕业生跟踪调查与外部评价

我校土地资源管理专业统筹新工科、新文科教育教学改革思路与要求,目标为培养具备扎实的管理学、经济学、资源学、地理信息学理论基础,掌握土地资源管理专业理论知识与熟练的规划、评价、测绘、计算机应用等专业技能,具备创新思维与能力、人文素养及长久学习能力与领导力,能在自然资源等政府部门及相关企事业单位从事自然资源管理、国土空间规划等工作的德智体美劳全面发展的社会主义建设者和接班人。

近年来,国家经济社会建设取得新成就,自然资源领域各项事业迅猛发展,社会行业对人才的需求不断增强。在此背景下,开展毕业生培养质量跟踪调查,有助于评估我校毕业生的培养质量,弄清用人单位对人才培养的要求,了解我校在就业工作方面的优势与不足,找出我校在人才培养过程中存在的问题和偏差,对于加快学校教学改革步伐,提高办学水平和办学质量具有积极意义。

专业以培养"具有国际视野、具有较强实践能力和创新意识、能够快速适应和支撑土地管理产业发展的高层次应用技术人才"为目标,从课程理论学习、校外实践能力、创新意识、毕业设计4个维度选取评价指标,构建"三层四维"土地资源管理专业人才培养质量综合考核评价指标体系,对学生的基本能力、综合素质及专业技能进行科学评价,为本专业提高人才培养质量提供参考。根据人才培养与社会发展的需要,建立由毕业生、用人单位、校外专家参与的研讨和修订专业培养目标与培养方案的机制,定期征求毕业生、社会和用人单位对培养方案、课程设置、教学内容与方法的意见和建议,以及对毕业生知识、素质和能力的评价,不断提高专业建设水平和人才培养质量。

二、毕业生培养质量调查基本情况

通过调查问卷及访谈等形式,重点调查追踪了专业本科毕业生就业率、就业满意度、事业发展情况等信息。经统计,应届本科毕业生就业率常年稳定在98%以上,就业满意度维持在90%以上;近3年应届本科毕业生出国或进入985高校深造比例约为17%;绝大部分毕业生在毕业两年后成为单位业务骨干,毕业10年后均已成长为单位中上层管理干部;随着毕业年限增长,毕业生对专业满意度进一步提高,专业对学生持续发展提升作用明显;通过对用人单位的回访得知,他们普遍认为本专业本科毕业生基础知识扎实,能吃苦耐劳,实践与学习能力强,用人单位满意率达到100%。图8-9为部分用人单位调查反馈意见。

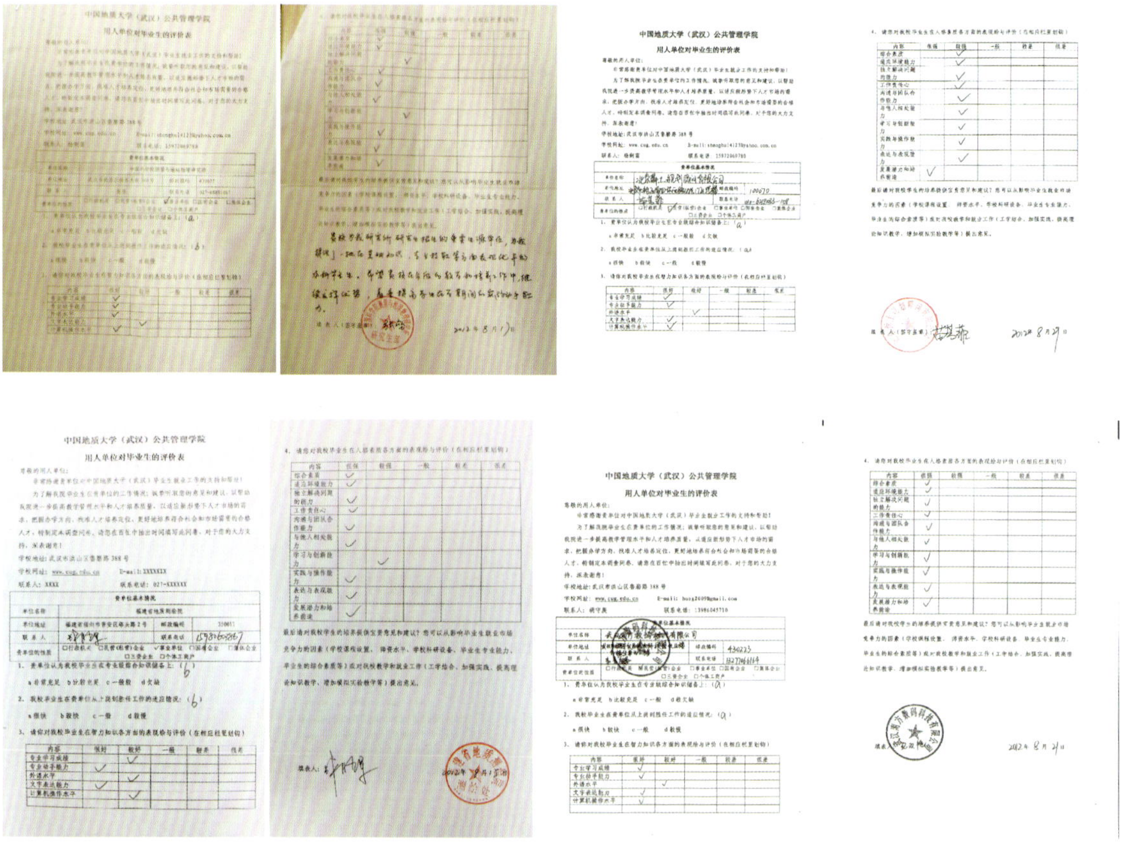

图 8-9 用人单位评价反馈

第九章 土地资源管理高水平专业人才培养模式的示范效应

第一节 土地资源管理人才培养模式的横向拓展——土地整治工程专业建设初探

一、土地整治工程专业建设的现实意义

土地整治是助推乡村振兴、实现城乡融合发展的重要保障。十九大立足于人民日益增长的美好生活需要和不平衡不充分发展之间的矛盾提出了"乡村振兴"战略,以破解城乡发展不协调、城乡关系不对等的矛盾。乡村振兴是经济、政治、文化、生态和福祉建设,其核心目的是按照产业兴旺、生态宜居、乡风文明、治理有效和生活富裕的总要求,系统构建人口、土地、产业等多种发展要素的耦合格局,实现乡村的全面复兴。而土地是国民经济发展的载体资源、权益之基和生命之本。土地整治在乡村振兴过程中肩负着为人口集聚、产业发展提供资源支撑的基础性作用,是构建"山水林田湖草"生命共同体的排头兵。

土地整治是实施农业现代化,保障粮食安全的有力抓手。随着我国城市化和工业化进程的推进,土地资源短缺的矛盾进一步加剧,土地保护乏力、利用不当所造成的生态环境退化现象没有得到根本性扭转;加之我国耕地破碎化程度高,极大地影响着农业现代化的进程。放眼世界,农业现代化的基本路径清晰而明确。改造传统农业,提高农业生产力和农产品竞争力,必须走良田规模化、良种产业化、良法技术化(科技)和装备化(投入)的道路,而支撑这个跨越的基础性、先导性工程就是土地整治。同时,土地综合整治的目标之一,就是通过土地复垦与土地整理来增加耕地数量,提高耕地质量,改善农业生态环境。因而,实施藏粮于地、藏粮于技战略,提高粮食产能,确保谷物基本自给、口粮绝对安全,亟须长期坚持土地综合整治。

土地整治是开展生态修复,推进生态文明建设的重要手段。党的十八大报告中对生态文明建设进行了详细论述,并提出了构建"美丽中国"的建设目标,使生态文明建设上升到了总体布局的高度。中共中央国务院《关于加快推进生态文明建设的意见》中提出,要全面推动国土空间开发格局优化、加快技术创新和结构调整、促进资源节约循环高效利用、加大自然生态系统和环境保护力度。新常态下,我国资源环境承载力正在逼近"天花板",特别是大规模、高强度的土地资源开发对生态环境的影响尤为明显。而优化国土空间开发格局需要通过土地整治调整区域土地利用格局,增强资源环境承载能力需要通过土地整治推动土地利用方式转

型,提升国土生态安全水平需要通过土地整治修复受损自然生态系统,建设宜业宜居美好家园需要通过土地整治优化生产-生活-生态空间。因此,土地整治与生态文明建设有着非常密切的联系,土地整治是推进生态文明建设的重要彰显和关键手段。

二、我校土地整治工程专业建设的初衷

增设土地整治工程专业是土地一级学科建设不可或缺的基础内容。国土资源部在2011年教育部和国务院学位办开展新一轮高等教育和学位专业目录修订工作时,曾向教育部、国务院学位办提出关于增设"土地科学与技术"相关专业的函。2015年版《中华人民共和国职业分类大典》新增了土地整治工程技术人员这一职业,并明确土地整治工程技术人员是指从事土地开发、整理、复垦等工程勘测、规划、设计、监测、监管指导施工的工程技术人员。2017年,为贯彻落实全国国土资源系统科技创新大会精神,加快培养土地科技创新高层次人才,推动土地领域一级学科建设,国土资源部成立了土地学科建设专家委员会和工作组。专家委员会负责全面指导学科建设工作,对学科建设体系、内容等进行咨询与论证。工作组办公室设在国土资源部土地整治中心,由时任国土资源部副部长的曹卫星担任主任。2018年,"国土资源部"改为"自然资源部","土地圈""地质圈""海洋圈""测绘圈"实现了前所未有的大统一、大融合。国务院机构改革方案和各部委职能定位的渐次落地,对土地学科如何适应新形势并加强学科建设与学术研究提出了新的要求。

增设土地整治工程专业是提升土地资源管理培养人才专业性的重要保证。我国资源学界40多位院士、70余名知名专家多年来奔走呼吁,多次向国家有关部委建议:增强、加快土地领域一级学科建设。汪懋华院士在历届农业工程学会学术年会暨学科发展论坛上,多次强调土地整治工程对国家良田建设、粮食安全、生态安全的重要性——"良田建设是第一要务"。郭仁忠院士在中国工程重点咨询研究项目"新型城镇化进程的土地资源管理工程科技支撑体系研究"中,系统梳理了中国土地管理工程科技的历史和现状后发现目前存在五方面的问题其中之一就是:社会经济改革发展对土地工程科技的需求非常强烈,但目前土地学科的实际定位和归类依然在社会科学;课程设置出现文科化的倾向,工程科技类欠缺,导致土地工程科技人才资源匮乏。因此,亟须加强土地整治工程科技人才的培养。

三、我校土地整治工程专业建设的愿景

升级传统学科,具体落实"新工科"建设。教育部部长陈宝生在2018年全国教育工作会议上的讲话指出,总结工作,认清"奋进之笔"新起点;分析形势,找准"奋进之笔"主攻方向;对照目标,明确"奋进之笔"任务书;改进作风,确保"奋进之笔"出实效。为了写好"奋进之笔",我们总结我校土地资源管理等相关专业的办学经验,在国土资源统一管理建设背景下,对准土地学科发展目标,确保能在土地整治工程专业技术创新方面做出突破。同时,教育部决定在"十三五"继续推动和支持中央高校深化教育教学改革,提高高校教学水平、创新能力和人才培养质量,特别提出要对传统学科专业进行更新升级。通过增设"土地整治工程"这一满足农村发展需求的工科专业,从而促进传统土地资源管理专业工程技术方向的完善和升级,也是促进"工文""工农"交叉的具体表现。

搭建重要平台,加快土地领域紧缺人才培养。据不完全统计,全国国家、省、市、县4个层级,共有土地整治机构2229个,工作人员21 230人。其中,国家层面有自然资源部国土整治中心,工作人员105人;31个省(区、市)及新疆生产建设兵团共设立省级土地整治机构32个,工作人员共1292人,土地整治机构在省级层面实现全覆盖;全国420个地级行政区中,有358个成立了地级土地整治机构,工作人员共4593人,机构覆盖比例达到85%;全国2765个县级行政区中,有1838个成立了县级土地整治机构,工作人员共15 240人,机构覆盖比例仅为66%,目前国内土地整治机构网络仍不健全,人员专业素养有待提高。全国土地调查、评估、规划、整治和工程等相关公司共10 000余家,土地整治工程专业人才稀缺。然而,土地整治工作任务重,仅2017年,全国开展并验收土地整治项目1.64万个,建设总规模为162.63万公顷,开展、验收及评估土地整治项目任务艰巨,人员专业素养要求高;同时随着我国对乡村振兴和生态保护的重视,农村土地整理、废弃工矿区复垦、村镇低效建设用地再开发等一系列土地整治项目在全国范围内开展,与之而来的土地整治项目的验收和评估工作也要逐步推进,高素质的专业人才缺口巨大。根据国外经验,当该行业达到基本稳定时,从事管理、咨询、科研等各类人员应该稳定在10万人以上,目前人才缺口多达8万人。

四、我校土地整治专业建设的优势思考

中国地质大学(武汉)坚持实施人才强校、科技兴校和国际化战略;围绕学科前沿和经济社会发展的需求,构建以地球科学为主导,多学科相互支撑、协调发展的学科生态系统;坚持推进"跨学科专业交叉融合、教学与科研实践融合、创新创业教育与专业教育融合"的"三融合"人才培养模式改革,提升科技创新和社会服务能力。同时,中国地质大学(武汉)在创新教育形态、丰富教学资源、重塑教学流程,支持大类招生下跨专业大类培养模式的探索与实践,支持跨学科教学团队建设,支持主辅修制、跨学科人才培养改革,支持跨国(地区)跨校人才培养模式改革等方面进行了大胆创新和尝试。从专业上看,土地整治工程专业是在众多相关专业的基础上衍生而来的,正需要多学科综合建设,而这与学校"三融合"发展理念较为契合。拟设的土地整治工程与我校已设的相关专业包括土地资源管理、地理信息系统、测绘工程、地质工程、环境工程、水文与水资源工程等在学校发展理念及管理模式创新的指导下,经过长期发展能够实现优势互补、资源共享,最终形成良好发展局面。

五、我校土地整治工程专业培养方案

(一)培养目标

本专业培养掌握马克思列宁主义、毛泽东思想、邓小平理论、"三个代表"重要思想、科学发展观及习近平新时代中国特色社会主义思想,德、智、体、美、劳全面发展,具有资源学、生态学、工程学等理论基础,掌握土体物理、化学、生物重构和水资源配置等基本方法,能够熟练运用成土技术、生物技术、土工技术、灌排水技术和土地信息技术,具备从事土地工程勘测、规划、设计、施工及管理等工作能力的高级应用型工程技术人才(图9-1)。

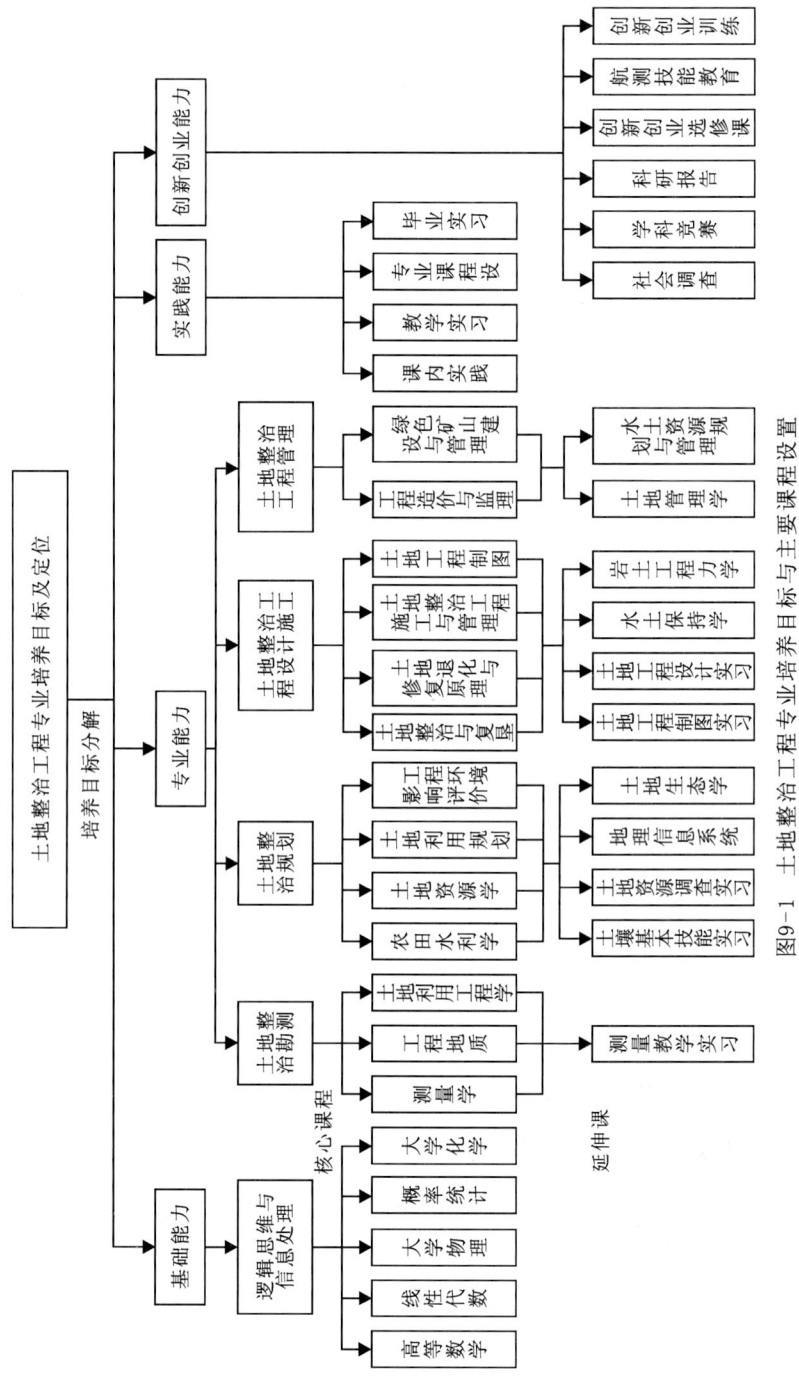

图9-1 土地整治工程专业培养目标与主要课程设置

(二)专业毕业要求

(1)工程知识:具备较强的土地整治工程创新精神、实践应用能力和开阔的国际视野,系统掌握土地整治的基本理论、基础知识和基本技能与方法。

(2)问题分析:具有应用现代经济知识和系统工程方法对土地整治工程中的技术经济问题进行分析评价和优化决策的能力。

(3)设计/开发解决方案:具有开展与土地整治有关的实验、试验等的科研能力,以及一定的技术、工艺改进能力和创新创业意识,考虑社会、健康、安全、法律、文化,以及环境等因素的影响。

(4)研究:能够灵活运用本专业所掌握的基本理论、方法、技能开展土地资源形成、分布和发展变化规律等科学研究,并通过信息综合得到合理有效的结论。

(5)使用现代工具:能够针对本专业问题,选择与使用恰当的遥感、航测、测量等现代技术工具,掌握对专业问题的分析方法,并能够理解其局限性。

(6)工程与社会:能够基于专业相关背景知识进行合理分析,掌握土地整治工程基本理论知识,了解土地整治工程的研究现状和发展趋势,及其对社会、环境、健康、安全、法律,以及文化的影响,制定解决方案并理解应承担的责任。

(7)环境和可持续发展:能够理解和评价土地整治工程实践对环境、社会可持续发展的影响。

(8)职业规范:具有本专业所应具有的工科和相关的人文社会科学素养、职业道德和规范,实现价值引领。

(9)个人和团队:能够在多学科背景下的团队中承担个体、团队成员及负责人的角色,培养集体主义、沟通协调能力和组织能力。

(10)沟通:能够就本专业问题与业界同行及社会公众进行有效沟通和交流,并具备一定的国际视野,能够在跨文化背景下进行沟通和交流。

(11)项目管理:理解并掌握土地工程管理原理与经济决策方法,并能在多学科环境中应用。

(12)终身学习:具有自主学习和终身学习的意识以及适应该领域科技发展的能力。

(三)毕业要求及实现途径(表9-1)

表9-1 毕业要求及实现途径

序号	毕业要求	实现途径(教学过程)
1	具备较强的土地整治工程创新精神、实践应用能力和开阔的国际视野,系统掌握土地整治的基本理论、基础知识和基本技能与方法	①课堂教学:土地整治工程施工与管理、工程监理等课程 ②课外学习:相关课程的实验教学及土地工程设计实习、毕业实习等实践教学环节
2	具有应用现代经济知识和系统工程方法对土地整治工程中的技术经济问题进行分析评价和优化决策的能力	①课堂教学:测量学、土壤学、工程力学、第四纪地质与地貌学、土地复垦学、土地整理学等专业主干课程 ②课外学习:相关课程的实验教学以及专业课程设计、毕业实习、毕业设计等实践教学

续表 9-1

序号	毕 业 要 求	实现途径（教学过程）
3	具有开展与土地整治有关的实验、试验等的科研能力，以及一定的技术、工艺改进能力和创新创业意识，考虑社会、健康、安全、法律、文化及环境等因素的影响	①课堂教学：土地工程制图、农田水利学、土地复垦学、土地整理学、土地整治工程施工与管理、土地利用规划、土地退化与防治技术等专业主干课程 ②课外学习：相关课程的实验教学及土地整治基础教学实习、土地工程设计实习、专业课程设计、毕业实习、毕业设计等实践教学
4	能够灵活运用本专业所掌握的基本理论、方法、技能开展土地资源形成、分布和发展变化规律等科学研究，并通过信息综合得到合理有效的结论	①课堂教学：土壤学、农田水利学、土地复垦学、土地整理学、土地利用规划、土地退化与防治技术、环境影响评价等专业主干课程 ②课外学习：社会实践、创新创业活动等自主学习，以及土地整治基础教学实习、毕业实习、毕业设计等实践教学
5	能够针对本专业问题，选择与使用恰当的遥感、航测、测量、土壤等现代技术工具，掌握对专业问题的分析方法，并能够理解其局限性	①课堂教学：土地信息学、遥感概论、土地工程制图等专业主干课程 ②课外学习：创新创业活动及课程、毕业实习、毕业论文设计等实践环节和创新创业自主学习等环节
6	能够基于专业相关背景知识进行合理分析，掌握土地整治工程基本理论知识，了解土地整治工程的研究现状和发展趋势及其对社会、环境、健康、安全、法律，以及文化的影响，制定解决方案并理解应承担的责任	①课堂教学：土地法学、土地管理学、土地整治工程施工与管理、工程监理等专业主干课程，以及通识教育选修课程 ②课外学习：社会实践、创新创业活动等自主学习，以及毕业实习、毕业设计等实践教学
7	能够理解和评价土地整治工程实践对环境、社会可持续发展的影响	①课堂教学：生态学概论、土地资源学、土壤学、土地生态学、土地复垦学、土地整理学、环境影响评价等专业主干课程，以及通识教育选修课程 ②课外学习：土壤分析实习、土地资源调查实习等实践教学
8	具有本专业所应具有的工科和相关的人文社会科学素养、职业道德和规范，实现价值引领	①课堂教学：土地法学、土地管理学等专业主干课程，以及通识教育选修课程 ②课外学习：社会实践、创新创业活动等自主学习，以及毕业实习、毕业设计等实践教学

续表 9-1

序号	毕 业 要 求	实现途径（教学过程）
9	能够在多学科背景下的团队中承担个体、团队成员及负责人的角色，培养集体主义、沟通协调能力和组织能力	①课堂教学：土地管理学、土地利用规划学科基础课、专业主干课程，以及通识教育选修课程 ②课外学习：社会实践、创新创业活动等自主学习，土地资源调查实习、土地基础教学实习等实践教学
10	能够就本专业问题与业界同行及社会公众进行有效沟通和交流，并具备一定的国际视野，能够在跨文化背景下进行沟通和交流	①课堂教学：土地管理学、土地利用规划等专业主干课程，以及通识教育选修课程 ②课外学习：社会实践、创新创业活动等自主学习，以及专业综合技能实践、毕业实习等实践教学
11	理解并掌握土地工程管理原理与经济决策方法，并能在多学科环境中应用	①课堂教学：地法学、土地管理学、土地整治工程施工与管理、工程监理等专业主干课程，以及通识教育选修课程 ②课外学习：社会实践、创新创业活动等自主学习，以及毕业实习、毕业设计等实践教学
12	具有自主学习和终身学习的意识以及适应该领域科技发展的能力	①课堂教学：学科基础课、专业主干课程，以及通识教育选修课程 ②课外学习：社会实践、创新创业活动等自主学习，以及毕业实习、毕业设计等实践教学

（四）修业年限与授予学位

学制四年，授予工学学士学位。

（五）人才培养模式

(1)按照新工科的建设思路，强化校企协同。土地整治工程专业具有较为明显的行业特征，聘请相关行业专家作为企业导师，同时与国内相关企业建立实习基地，强化学生动手能力和实践能力。

(2)采用开发内化教学模式，任务（项目）驱动教学法、实战教学法进行教学。

(3)加强国际合作，课程体系、教学内容和教材选用与国际接轨。

(4)在一年级进行大类培养，强化专业基础知识的学习，在高年级分方向进行项目实训，实行校企合作，强化应用能力的培养。

六、依托土地资源管理专业优势的土地整治工程专业师资力量储备

土地整治工程专业师资力量主要依托土地资源管理专业师资，吸收相关专业高层次人才，具有高级职称的教师占比为80%。在土地整治工程相关研究方向中，配备的教师具有良

好的研究基础,在土地调查与评价、土地利用与规划、土地整治与生态修复、土地经济与管理等领域达到国内先进水平。为了更好地开展相关课程的教学,该专业的师资培训已经全面展开,先后派出 20 余名老师参加了土地整治工程的培训或实训,效果显著。

七、依托土地资源管理专业优势的土地整治工程专业平台建设

目前中国地质大学(武汉)公共管理学院建有 2 个教育中心:MPA 教育中心和 J.M 教育中心;1 个省部级重点实验室:自然资源部法治研究重点实验室(原国土资源部法律评价重点实验室)。依托自然资源部法治研究重点实验室,在吉林通化、福建平潭、浙江舟山、湖南澧县、山西朔州、云南红河、天津东丽建立了 7 个自然资源政策法律实验基地。此外,还有 3 个科研团队,分别为创新发展战略研究院农业团队(土地方向)和 2 个 ESI 社会科学团队。为了更好地服务于土地整治工程专业的建设,培养土地工程复合型专业技术人才,公共管理学院近些年还陆续建立了一些专业实验室和研究平台,主要包括土地工程实验室、土地勘察实验分室、土地规划实验分室、土壤重构实验分室、土地利用动态监测实验分室、国土资源数据挖掘研究中心、土地信息技术研究中心、土地复垦与生态修复实验室。土地利用监测与空间优化研究基地在建中,同时配备了相应的实验设备(表 9-2)。以上这些平台、创新团队为土地整治工程专业学生的学习和科研工作提供了有力的支撑。

表 9-2 主要教学实验设备情况

教学实验设备名称	型号规格	数量	购入时间
无人机	H01300 主机身/A7R2 相机	1	2018-10-17
塔式服务器	HP ML150G3	1	2007-05-01
机架式服务器	联想 RD 450	3	2015-12-02
苍穹土地规划与利用管理信息系统	V1.0/V2.0	3	2016-07-01
移动定位终端	S660	2	2016-07-01
北斗智能终端	A5 智能终端	10	2016-07-01
GNSS 接收机	G10A	1	2016-07-01
亚米级手持 GPS	南方测绘 S750	10	2010-07-01
数字影像摄影测量平台	武汉新赛科技	2	2016-07-01
3D 打印机	ColiDo 3045DUO	1	2016-07-04
3D 扫描仪	Einstart-s	1	2016-07-04
紫外可见分光光度计	UV1102	1	2011-11-21
紫外分光光度计软件	武汉市捷和科技	1	2013-06-18
原子吸收分光光度计	AA6000	1	2011-11-21
植物营养测定仪	TYS-4N	1	2015-11-20

续表 9-2

教学实验设备名称	型号规格	数量	购入时间
土壤重金属检测仪	TJS-PC03	1	2015-11-18
土壤原位 PH 仪	TZS-PH-Ⅰ	1	2015-11-20
污泥采样器	ZYC-200B	2	2015-11-20
定氮仪	KDN-08C	1	2011-11-21
土壤硬度计	TYD-2	1	2011-11-21
土壤养分测定仪	TPY-6	1	2011-11-21
酸度计	TRS-Ⅱ	1	2011-11-21
土壤水分速测仪	TRS-Ⅱ	1	2011-11-21
通风柜		1	2013-02-08
激光测距仪	TRUPULSE 200	11	2011-03-05

学校坚持立足湖北和长江经济带，面向全国，大力推进政产学研合作，积极服务行业、区域和地方经济社会发展。学校还在"珠三角"和"长三角"地区分别建立产学研平台和产业孵化基地（深圳研究院、浙江研究院）。同时，公共管理学院与中国科学院地理科学与资源研究所、中国国土勘测规划院、宁夏回族自治区自然资源厅、国家自然资源督察武汉局、湖北省秭归县自然资源局、湖北省神农架林区自然资源局、湖北省竹山县自然资源局、湖北省长阳土家族自治县自然资源局、广东省惠州市自然资源局、南方数码、北京舜土机构、湖北永业行评估咨询有限公司等近 20 家单位/企业合作建立产学研基地，可为土地整治专业学生的外业实践提供良好的支撑平台。

第二节　土地资源管理人才培养模式的纵向延伸——公共管理一级学科平台建设

一、公共管理学院学科平台建设背景

中国地质大学（武汉）公共管理学院成立于 2012 年 7 月，由原政法学院、地球科学学院资源环境与城乡规划系和资源学院土地资源管理系合并而成，拟以 2008 年被评为湖北省重点学科的土地资源管理学科为龙头，辐射行政管理、公共事业管理等二级学科，带动公共管理一级学科发展。2013 年土地资源管理作为我校公共管理一级学科的重要方向之一，支撑一级学科成为湖北省重点学科，2017 年在教育部第四轮学科评估中，支撑公共管理学科被评为B+学科。2019 年院系调整后，学院兼备工、管、法三大学科，资源管理特色突出，现有公共事业管理、行政管理、法学、土地资源管理、土地整治工程和应急管理 6 个本科专业，并先后成功

获批了公共管理一级学科博士点和公共管理博士后科研流动站。继土地资源管理专业入选首批国家级一流本科专业建设点以后,行政管理专业也入选了2020年度国家一流本科专业。

近年来,公共管理学院依托我校在地球科学领域的学科优势,进一步夯实管理学、法学、工学、理学等多学科办学基础,坚持走"入主流、上层次、有特色"的发展之路,以国家经济社会发展需要和行业特色领域人才培养为导向,逐步形成了"厚基础、重素质、强技能"的人才培养体系,学院各相关学科建设取得了长足的进步。如何进一步发挥我院多学科交叉优势,彰显资源环境特色,以国家和社会发展需求为导向,探索与实践高素质、复合型、创新型的本科人才培养模式,不仅是提升我校公共管理学院办学水平和综合实力的客观需要,也是满足我国经济建设和社会发展对相关创新型复合型人才需求的重要保障。

二、以土地资源管理特色学科促进公共管理一级学科平台建设思路

(一)发挥土地资源管理优势学科的带动和辐射作用,推进相关学科专业人才培养体系改革

自2012年公共管理学院成立以来,设有法学、公共管理、行政管理、自然地理与资源环境(2019年院系调整转出)等专业,依托土地资源管理专业的学科优势,不断调整学科人才培养目标和培养方案,逐步形成了以资源环境为特色的课程体系和学科发展方向,弥补了人才培养过程中的短板和不足,保障和推进了复合型创新型人才培养的目标。具体做法如下。

1. 推进相关学科课程体系改革

法学专业人才培养,提出了学生应了解相关资源环境科学知识的新要求。在课堂教学上增加了国土资源政策与法规和相关通识教育选修类的课程,突出资源环境特色;课外学习上增加了主持或参加创新创业项目、社会实践活动和创新创业活动等自主学习环节,旨在提高学生的动手和实践能力。在实践环节上,把计算机高级语言课程设计(VF)课程调整为网络应用与信息技术课程设计C,以提高学生的信息技术应用的能力。

行政管理专业人才培养,提出了学生应具有实践动手能力和创新能力的新要求。在专业培养方案中增加了实践环节的学时,提高了学分比重,增添了模拟新闻发言人训练、无领导小组讨论两个实践内容。基础课程上删除了大学语文,调整了计算机高级语言程序设计课程,对计算机技能有了更高的要求。专业选修课中增加了国土资源管理学等资源环境管理相关课程。公共事业管理专业,提出了学生要熟悉公共事业管理实务,具备卓越的公共管理和人力资源管理专项工作能力及创新创业能力的新要求。专业培养方案的调整基本参照行政管理专业实施,他们都在培养内容中加入了国土资源管理相关的专业课程,以期利用好土地资源管理专业优秀师资与教学平台,培育专业属性更强的管理型人才。

2. 促进相关学科发展方向调整

我院以土地资源管理特色学科为依托,促进了其他相关学科由传统的、单一的研究方向

转向与资源环境等特色领域相结合的复合型发展方向。相关专业在土地资源管理专业的带动下,在教师研究课题、科研论文发表、招生方向等方面均发生了显著变化。公共管理、行政管理、法学等传统文科专业的研究方向和领域,逐步由传统的、单一的研究方向转向与资源环境等特色领域相结合的复合型发展方向。其中,行政管理学科在发展传统的学科方向的同时,注重与资源环境相关领域需求接轨,已经由原来单纯的传统行政管理研究转向传统行政管理和资源环境政策研究齐头并进的发展道路;公共管理专业的教学和研究形成了以资源环境管理、地方政府管理和第三部门发展为主要特色的发展方向;法学专业在传统民法、商法的基础上,逐步向资源环境法领域转型,已取得显著成效。

2020年新冠肺炎疫情暴发暴露了我国应急管理理论研究和人才培养的短板。为此,学校积极对接国家需求,公共管理学院立刻开展应急管理专业建设论证和筹建工作,结合专业设置要求与发展特点,依托公共管理学科优势、土地资源管理优势专业积累,论证、筹建了应急管理本科专业,已于2021年获得教育部备案通过,公共管理学科建设取得新成就。

(二)以联合实验室和综合实践基地建设为依托,促进工、管、法学科交叉和融合

实践教学是提高学生动手能力的有效教学方式,同时也是锻炼学生综合运用知识能力及培养创新能力的有效途径。在创新型复合型人才培养目标的带动下,我们不断完善实践教学内容体系,在注重实践课程体系的同时,也注重教学实践基地的建设,以联合实验室和综合实践基地建设为依托,有效地促进了学院工、管、法学科的交叉和融合。

1. 联合实验室建设成效突出

学院联合实验室建设以自然资源部法治研究重点实验室为依托,积极筹建土地利用监测与空间优化研究基地和文科综合实验室,不断巩固公共政策分析与模拟实验室、地理环境与国家公园实验室等专业实验室,进一步整合资源、发挥优势,促进了不同学科间的交叉和融合。

其中,国土资源部法治研究重点实验室由国土资源部法律中心和中国地质大学(武汉)于2006年共同创建。学科领域不仅包括法学和公共管理等文科基础学科,也囊括了系统科学、资源环境科学等交叉学科。近年来,我院师生积极参与和利用实验室的资源,不断形成了学科交叉态势和学科融合优势。从实验室各专业教师兼职情况来看,土地资源管理系10人,公共行政系8人,法学16人,研究方向包括法律评价基础理论、不动产登记、矿产资源法律、自然资源政策和国土资源大数据挖掘。从实验室近年来的开放基金情况来看,2013—2016年,开放基金立项数达40余项,资助金额达57万元,涉及学科领域包括公共管理、法学、土地、矿产及资源环境,团队成员来自不同的学科和专业。全院师生以该实验室为平台,进行互动、交流和合作,实现了不同学科间的交叉和融合。

2. 综合实践基地建设进展显著

学院依托学校建立的秭归实践基地,经过近几年的重新整合和规划,现已成为土地资源管理、公共行政、法学等专业的综合实践基地。土地资源管理专业主要以野外综合实习为主,

现开辟了农村土地调查、城市土地利用调查等专题实习内容。实习分为 3 个阶段:第一阶段为室内遥感图像解译,基于学生前期地理信息系统和遥感专业基础课程课间实习的经验,进一步强化其应用 GIS 和 RS 软件进行图像处理的能力,同时也是为野外农村土地资源调查和城市土地利用调查作准备。第二阶段为野外调查和认识实习,主要分为 5 个专题进行,依次为农村土地调查、城市土地利用调查、城市规划与房地产开发、基础地质及其遗迹保护与开发以及土壤资源调查和改良。每个专题都配备专业老师现场讲授相关知识,进行实地参观或分组深入实际调查。第三阶段为参观和调查成果整理,分为野簿整理、建立数据库、整饰成果图、撰写各专题调查报告、实习成果总结汇报等。每个阶段包括老师现场讲解、实习基地课堂授课、学生实际动手操作、当地专家协助介绍等实习方式。公共行政系与秭归县政府联合共建秭归教学实习基地,主要实习部门有秭归县政府档案管理部门、政府办公室,以及各街道和基层社区等,实习的主要内容为相关档案整理、政府办公室日常事务处理等。法学的实习基地主要依托秭归县人民法院和检察院,每年暑期大二的学生就会根据个人兴趣和特长选择到法院或者检察院进行为期 3 周的教学实习,实习内容包括档案整理、庭审记录、旁听各种不同的案件等。通过实习,学生将所学的专业理论运用于实践,协助实习单位办理相关的政府公务和社会公共服务,锻炼学生的动手能力、沟通协调能力,以及分析和解决问题的能力,体会公共事务的复杂性和服务性,提升专业素养。

(三)以科技活动为契机,强化激励机制,培养学生的创新能力和综合素养

学校每年都会举办一些大型的科技活动,如大学生辩论赛、暑期大学生"三下乡"社会实践、大学生科研立项、挑战杯等。因此,我们以此为契机,鼓励不同专业及学科领域的同学进行组队、参赛,并实行激励机制。为此,我们的做法具体如下。

(1)专业老师承担导师,指导学生积极参加"挑战杯"全国、省级、校级课外学术科技作品竞赛或"创青春"大学生创业竞赛;湖北省大学生科研成果申报;学校教务处、实验室设备处、学工处、研工部、团委等部门组织的国家级大学生创新创业训练计划项目;教学实验室开放基金项目;英才工程之科学家计划、自主创新资助计划、特殊专长支持计划、基础科研训练计划、科技挑战赛;校级与院级组织的科技论文报告会;院级学生科技创新活动孵化基金等。

(2)系里分管科研工作的老师担任学生学术科技活动领导小组成员,协调组织学生科技创新日常工作。

(3)班主任和任课老师积极鼓励和指导学生对课程论文或科研活动的成果进行转化,修改和润色后向报纸和杂志投稿,发表论文。

学院制定了相应的激励措施,对获得奖项的同学颁发证书,并根据获奖的级别在年度综合测评中给予不同的加分,而且在学生相关奖学金评定、保研、出国等方面给予一定的加分。指导教师在教学绩效考核、职称评定等方面给予一定的加分和优惠政策。

这一举措不仅可以锻炼学生的创新能力、提高学生的综合素养,而且还能促进不同专业之间的交流、互动,带动整个学院形成了一种交叉的、活跃的、开放的学术氛围。这种积极向上的学术氛围能够催人奋进、促进交流、启迪思想,更容易碰撞出创新的火花,也体现了创新型复合型人才培养的目标,锻炼了学生的综合能力,提升了教学质量。

(四)建立并逐步推行本科生联合导师制度,强化创新型复合型人才过程培养

作为一种创新型人才培养的尝试,我们在本科阶段实行联合导师制。所谓联合导师制,是指除本专业教学经验丰富、学术造诣深、学术成果丰富的教师担任学生的指导老师外,学生还可以根据自己的学习兴趣和方向邀请其他相关专业的老师作为自己的指导老师,实行联合培养。联合导师制,一方面指导老师辅导学生学习主要课程,指导他们安排学习计划,另一方面吸收学生参加科研活动,让不同专业的学生进行组队、参赛,促进学科交叉、融合。通过指导,有利于强化他们理论联系实际的能力,提高发现问题、分析问题、解决问题的能力,增强他们的创新意识,提高创新素质。此外,实行本科生联合导师制,有利于学生个性发展和潜能发挥。实行联合导师制教育模式,可弥补传统教学计划的不足,使学生的创造性得到发挥,优秀学生得到了脱颖而出的机会。导师针对学生的特点进行具体指导,对学生的发展方向提出具体建议,督促学生在完成教学计划规定的学习任务的同时,指导学生选修各类课程,带领学生进行科研实践、课程论文等课外学习活动,尽可能地使学生的能力得到充分的发展和提高。

第十章 总结与展望

第一节 一流专业人才培养效果总结

中国地质大学(武汉)土地资源管理专业在学科建设与发展的过程中,结合新时代高等教育人才培养总体目标,迎合高等教育人才培养发展趋势,发挥学科专业特色积淀与优势,面向新时代国家、社会、行业用人需求,坚持"立德树人""以本为本",深化协同育人,践行"三全育人",以一流本科专业建设契机为重要抓手,狠抓高水平人才培养工作,着力培养具有扎实专业素养、创新思辨意识、科研实践能力的高水平专业人才。经过多年的努力,土地资源管理专业紧紧围绕"创建一流"重要战略目标,逐渐探索并形成了"依托优势、面向需求"的高水平人才培养创新与实践经验。主要以下包括六大方面。

一是创新了人才培养的教育教学模式。深入分析土地资源管理专业教学模式,系统梳理教学内容、教学方式与教学特征,明晰存在的问题及改革方向,推动"三全育人"视域下的人才培养目标转型,创建了符合土地资源管理专业特点的政产学研用联动的教学模式。

二是完成了人才培养的课程体系改革。探索和实践了"课程思政"元素的融入,在核心课程与特色课程的建设中取得实效,将新方法、新技术融入课堂教学中,深入挖掘学科相关思想理论内核,基于习近平生态文明思想开展专业课程优化探索工作。

三是构建了人才培养的系列实践模式。基于大学办学历史、特色与优势,构建了土地资源管理专业"课堂+基地"的教学实践模式,"课堂+竞争"的竞争实践模式,"课堂+项目"的科研实践模式,"课堂+企业、行业部门"的产学研实践模式,形成了门类齐全的系列实践模式。

四是打造了人才培养的综合保障体系。在育人质量提升机制建设中,以"卓越工程师"计划为核心,强化师资队伍和基层教学组织建设,推进专业课程、实践课程建设,制定严格的本科毕业论文管理体系,构建师资教研能力完善机制,推进教学条件保障体系建设,探索人才培养质量反馈机制建设。

五是形成了人才培养模式的显著成效。通过专业毕业生培养质量外部评价与跟踪调查,在毕业生就业率、就业满意度、事业发展前景等方面获得良好回馈。在校生在专业技能竞赛、社会实践活动、创新创业竞赛中取得佳绩,本科生科研项目经历丰富,参与学术交流活动踊跃,高质量完成本科阶段学业。

六是发挥了人才培养模式的示范效应。充分总结土地资源管理专业建设的成绩和经验,分别实施了培养模式的横向拓展与纵向延伸,带动了土地整治工程专业的新设和快速建设,促进了公共管理一级学科平台的延伸与高水平发展,充分发挥了优势专业的示范效应。

总之,专业在深入践行"立德树人"根本目标、坚持"以本为本"办学理念的历史进程中,总结出了一套行之有效、颇具特色的高水平专业人才培养模式,其核心特征为"依托优势、面向需求"。依托优势,即充分挖掘地学教育资源优势、发挥土地生态环境学科积淀优势、积累土地行业产学研优势、深度涉猎国土空间治理经验优势。面向需求,则包括面向国家战略需求、追随行业用人需求、响应教学改革需求、践行自我发展需求。通过构建教育传授、体验实践、教研结合、竞赛提升等环节共同作用的人才培养全过程,以团队主理、项目导向等多种形式,做出了土地资源管理专业高水平人才培养的重要创新与实践。

第二节 未来的展望

高等教育工作必须不忘初心、牢记使命,土地资源管理专业一流人才培养事业永远在路上,永远在前进。身处大发展大变革大调整时期的学科和个人,都应紧密关注时代潮流变革、国家民族发展伟业,坚持"立德树人"根本任务,以目标为导向,提高专业育人工作的竞争能力、适应能力及可持续发展能力,不断总结经验教训,对标顶尖院系,找准差距,补齐短板。未来,土地资源管理高水平专业人才培养模式与水平的"双提升",还需在以下三方面做更多的工作。

一是要持续积极挖掘专业思政元素,土地资源管理专业具有先天优势,如能在探索专业育人根本性、深层次问题上做出突破性尝试,将极大地提升专业乃至学科的影响力,最终形成完备的、示范性的、可推广的专业思政培养模式;二是要站在更高位置审视高水平师资队伍对人才培养的重要影响,"以学生为中心"的教学工作离不开教师的引领、奉献和参与,不断充实巩固年龄、学缘结构合理的高水平师资队伍,确保育人力量不减弱、不断档、可延续,是确保专业蓬勃发展的重要保障;三是要不断拓展和优化实验实践平台,专业开展实验实践的目标和环境处于不断变化之中,如何动态改善专业实验环境,丰富实践探索场景,提升学生素质技能的自适应性,也将成为一项有待挖掘的重要课题。

主要参考文献

陈珏,2016."技术+管理"复合型人才培养目标下实践教学创新研究——以黑龙江大学土地资源管理专业为例[J].安徽农学通报,22(6):174-176.

陈伟强,毕庆生,马月红,等,2019.河南农业大学土地整治工程新专业人才培养方案研究[J].高教学刊(13):143-145.

陈文波,2016.新形势下地方农林院校土地资源管理专业的再定位与思考[J].实验技术与管理,33(1):6-8.

丁忠义,侯湖平,赵华,2020.新工科学生核心实践能力研究——以土地资源管理专业为例[J].创新创业理论研究与实践,3(23):7-9.

范胜龙,宋羽,邱龙霞,2018.土地资源管理专业人才培养中存在的问题及建议[J].现代化农业(12):31-35.

方世明,李江风,2013.秭归实践教学基地资源特色与土地资源管理专业实践教学[J].中国地质教育,22(S1):73-77.

方世明,李江风,2012.土地资源管理专业实践教学体系研究[J].中国地质教育,21(1):150-154.

方世明,2018.土地资源管理专业精英教育培养模式探讨[J].教育教学论坛(3):51-52.

冯喆,黄勤,付薇,等,2020.情景教学在土地经济类课程中的应用及案例研究[J].教育教学论坛(14):233-236.

付永虎,刘俊青,胡晗,等,2019.对分课堂在高校《土地利用规划学》教学中的探索与实践[J].高教学刊(23):81-83.

傅建春,王锐,李明秋,2020.土地资源管理专业实践教学模式探索[J].大学教育(12):43-45.

高凤杰,杭艳红,黄善林,2020.大部制改革背景下土地资源管理专业人才培养模式探究[J].黑龙江教育(高教研究与评估)(12):75-78.

高燕,叶菁,朱江洪,2019.土地资源管理专业实践教学改革研究[J].教育教学论坛(52):77-78.

郭贯成,徐明,陈月红,2018.国际视野下的土地资源管理专业人才培养方案优化研究[J].中国农业教育(6):78-82.

郭利刚,2019.浅析"本科评估"对土地资源管理专业建设的促进作用[J].教育现代化,6(A2):196-197.

何新东,夏小江,2018.大类招生背景下地方高校土地资源管理专业人才培养思考——以成都理工大学为例[J].高教论坛(3):58-61.

侯湖平,丁忠义,公云龙,等,2018.新工科背景下土地资源管理专业人才培养模式研究[J].教育现代化,5(34):11-12.

胡守庚,刘越岩,王占岐,2012.土地资源管理专业教学实习内容体系优化研究[J].教育教学论坛(4):117-118.

胡守庚,王占岐,李江风,等,2013.发挥地矿类学校办学优势培养具有地质环境背景的土地资源管理人才[J].中国地质教育,22(S1):70-73.

黄爱华,2015.高校思想政治理论课教学模式变革研究[D].南京:南京理工大学.

黄爱华,2014.信息化时代的高校思政课教学模式变革[J].中国大学教学(9):45-49.

黄保,2018.对新办专业建设中六个核心问题的探索[J].高教学刊(16):51-54.

黄娟,2018.土地资源管理专业的特色建设研究——以广西财经学院为例[J].中国管理信息化,21(8):219-220.

黄贤金,张晓玲,于涛方,等,2020.面向国土空间规划的高校人才培养体系改革笔谈[J].中国土地科学,34(8):107-114.

姜洪涛,郭春荣,王兰,等,2020.内蒙古师范大学土地资源管理专业实践基地建设研究[J].创新创业理论研究与实践,3(4):186-187.

孔雪松,刘艳芳,何建华,2016.面向土地资源管理专业的经济地理学教学情境设计[J].实验技术与管理,33(12):214-217.

孔雪松,刘耀林,王静,2019.土地资源管理专业人才培养的双层驱动与改革路径[J].中国地质教育,28(2):11-15.

李灿,王思砚,邹静琴,2016.大类招生模式下公共管理类学生对土地资源管理专业的认知分析[J].中国农业教育(1):87-92.

李海英,孔凡文,王玥,2016.应用型土地资源管理专业人才培养模式构建[J].安徽农学通报,22(19):107-109.

李龙,吴大放,刘艳艳,2019.基于综合能力培养的校外实践基地建设探索研究——以土地资源管理专业为例[J].科教导刊(6):7-9.

李晓佳,姜洪涛,郝润梅,2019.土地资源管理本科生就业情况调查研究——以内蒙古师范大学为例[J].大学教育(1):186-188.

梁桂保,向为民,2017.土地资源管理专业学生"泛订单式人才培养模式"研究[J].科教导刊(6):34-35.

刘志玲,李江风,方世明,2013.土地管理学课程教学方法探讨[J].中国地质大学学报(社会科学版)(S1):87-88.

卢新海,张继道,2007.关于土地资源管理专业高等教育发展的思考[J].中国地质教育(2):30-33.

吕添贵,李洪义,2019.生态文明视域下土地调查评价课程体系构建与范式转变研究[J].大学教育(4):62-65.

罗映红,2019.高校混合式教学模式构建与实践探索[J].高教探索(12):48-55.

莫甲凤,2020.研究型大学本科人才培养模式改革[M].北京:科学出版社.

彭开丽,胡伟艳,2019.大部制改革背景下土地资源管理专业发展的机遇与挑战——来自华中农业大学的实践与探索[J].高等农业教育(2):61-65.

乔蕻强,程文仕,刘学录,等,2015.国家级特色土地资源管理专业实验室建设与管理[J].实验室科学,18(6):197-199.

渠丽萍,李江风,张丽琴,等,2010.提高土地资源管理专业研究生培养质量的探索[J].中国地质教育,19(1):74-77.

渠丽萍,李江风,2012.土地资源管理专业研究生培养途径浅谈[J].高教论坛(8):106-108.

任军,2017.高校混合式教学模式改革推进策略研究[J].现代教育技术,27(4):74-78.

沈毅,宁永臣,2018.从专业建设供给侧结构性改革看新工科建设[J].高等工程教育研究(3):71-74.

施晓秋,刘军,2015."三位一体"课堂教学模式改革实践[J].中国大学教学(8):34-39.

舒帮荣,李鑫,2018.新形势下的土地利用规划学教学改革初探[J].科技创新导报,15(33):144-145.

谭芬,张坤,2018.浅析大类招生背景下土地资源管理专业的发展——以湖南农业大学为例[J].农村经济与科技,29(23):290-292.

涂小松,李洪义,徐国良,等,2020.新形势下财经类高校土地资源管理本科专业课程体系优化研究[J].教育教学论坛(20):244-245.

王华,王占岐,姚光庆,等,2012.发挥优势学科人才培养的辐射作用 全面提高研究生的培养质量[M].武汉:中国地质大学出版社.

王华,李江风,王占岐,等,2000.对土地资源管理学科建设的思考[J].中国地质教育(2):24-26.

王华,姚光庆,李江风,等,2008.高效创办资源类新专业的途径探讨与实例分析[J].中国地质教育(4):56-60.

王华,姚光庆,李江风,等,2010.科研成果转化为教学资源是发挥国家级教学团队作用的重要途径[J].中国地质教育,19(4):96-100.

王湃,栾乔林,2018.土地资源管理专业创新型人才培养的教学改革思路探讨——以海南大学为例[J].当代教育实践与教学研究(12):53-54.

王万茂,2001.中国土地科学学科建设的历史回顾与展望[J].中国土地科学,(5):22-27.

王亚非,2019.坚持立德树人根本任务开创高校思想政治工作新局面[J].中国高教研究(1):1-5.

王占岐,王华,刘越岩,等,2013.土地资源管理专业发展初探[J].中国地质教育,22(4):42-45.

夏莲,2018.管理学科工科化视阈下土地资源管理专业人才培养模式探讨[J].安徽农学通报,24(12):130-133.

夏莲,2019.土地资源管理专业"管理学科工科化"特色建设研究——以安徽建筑大学为例[J].农村经济与科技,30(9):302-304.

谢俊奇,2004.未来20年土地科学与技术的发展战略问题[J].中国土地科学,(2):3-9.

徐枫,王占岐,朱江洪,2020.土地资源管理专业实践教学改革与创新路径探究[J].中国地质教育,29(4):92-97.

杨晓慧,2018.高等教育"三全育人":理论意蕴、现实难题与实践路径[J].中国高等教育(18):4-8.

姚小薇,王占岐,2020.面向土地资源管理一流专业的土地经济学课程教学改革与创新[J].教育教学论坛(42):114-116.

叶菁,滕亚东,高燕,等,2012.土地资源管理专业土壤学课程教学的探索[J].产业与科技论坛,11(14):196-197.

叶菁,周学武,高燕,等,2013.土地资源管理专业教学实习探讨[J].教育教学论坛(49):225-226.

于颖,周东岱,钟绍春,2016.从传统讲授式教学模式走向智慧型讲授式教学模式[J].中国电化教育(12):134-140.

曾晨,柯新利,王鹏,等,2017.多学科背景下一流土地资源管理本科专业的建设[J].中国地质教育,26(2):16-19.

张凤荣,许坚,2011.土地学科的建设和发展——"土地学科发展规划研讨会"综述[J].中国国土资源经济,(3):35-38.

张建军,付梅臣,胡业翠,等,2019.土地资源管理专业人才培养模式的国际对比与思考[J].教育理论与实践,39(15):9-11.

张惜伟,郝润梅,张裕凤,2016.导师制在土地资源管理专业应用型本科人才培养中的探索与实践[J].教育现代化,3(28):11-13.

张祥云,龚彦忠,2020.教育追求:重"成功"还是重"成长"[J].高等教育研究,41(2):1-8.

张颖,张艳梅,2018.高校课程群教学团队建设的理论思索与实践探析——以南京农业大学土地资源管理专业为例[J].高教学刊(1):59-61,64.

张宇婷,王一鸣,姜长军,等,2018.高等院校土地资源管理专业应用型人才培养模式探析[J].教育现代化,5(36):35-38.

张铮,2018.《土地法学》课程教学改革的思考[J].教育教学论坛(35):121-124.

赵华甫,黄勤,吴克宁,等,2016."土地利用规划学"实践教学模式创新研究[J].中国地质教育,25(2):75-77.

赵华甫,吴克宁,2020.土地资源管理类课程思政建设路径探讨——以国家精品资源共享课"土地资源学"为例[J].中国农业教育,21(3):60-67.

赵华甫,袁春,吴克宁,等,2009.土地资源管理特色专业人才培养目标和建设重点[J].中国地质教育(2):62-65.

赵玲,车晓翠,聂英,2018.管理学科体系下土地资源管理专业课程群建设研究——以吉林农业大学为例[J].教育现代化,5(35):119-121.

周飞,陈士银,2017.高校土地资源管理专业课程体系优化探讨——以广东海洋大学为例[J].安徽农学通报,23(4):98-100.

周飞,陈士银,2016.国内典型高校土地资源管理专业课程体系比较[J].安徽农业科学,44(36):256-258.

周开发,曾玉珍,2017.新工科的核心能力与教学模式探索[J].重庆高教研究,5(3):22-35.

朱江洪,高燕,刘越岩,2009.培养土地管理本科专业学生学术研究能力的探讨[J].中国地质教育,18(3):59-62.

朱孟珏,2018.非规划类专业《城市规划原理》课程建设探讨——以土地资源管理专业为例[J].教育教学论坛(22):72-73.

朱平,2019.高校"三全育人"体系协同与长效机制的建构——以全员育人为中心的考察[J].思想理论教育(2):96-101.

祝秀芝,2019.《土地资源学》在专业课程设置中的作用及实现途径[J].教育教学论坛(38):222-223.

邹利林,梁发超,2016.我国土地资源管理专业建设现状评析[J].才智(10):223-224.